阅读成就思想……

Read to Achieve

励姝系列

# 偷个懒也没关系
## 让妈妈不焦虑的时间整理术

［英］杰玛·布雷（Gemma Bray）◎著
凌春秀◎译

The Organised
Time Technique

How to Get Your Life
Running Like Clockwork

中国人民大学出版社
·北京·

图书在版编目（CIP）数据

偷个懒也没关系：让妈妈不焦虑的时间整理术 / （英）杰玛·布雷（Gemma Bray）著；凌春秀译. -- 北京：中国人民大学出版社，2022.3
书名原文：The Organised Time Technique: How to Get Your Life Running Like Clockwork
ISBN 978-7-300-30341-3

Ⅰ.①偷… Ⅱ.①杰… ②凌… Ⅲ.①时间—管理—通俗读物 Ⅳ.①C935-49

中国版本图书馆CIP数据核字(2022)第026085号

**偷个懒也没关系：让妈妈不焦虑的时间整理术**
［英］杰玛·布雷（Gemma Bray） 著
凌春秀 译
Tougelan Ye Meiguanxi: Rang Mama Bu Jiaolü de Shijian Zhenglishu

| 出版发行 | 中国人民大学出版社 | | |
|---|---|---|---|
| 社　　址 | 北京中关村大街 31 号 | 邮政编码 | 100080 |
| 电　　话 | 010-62511242（总编室） | 010-62511770（质管部） | |
| | 010-82501766（邮购部） | 010-62514148（门市部） | |
| | 010-62515195（发行公司） | 010-62515275（盗版举报） | |
| 网　　址 | http://www.crup.com.cn | | |
| 经　　销 | 新华书店 | | |
| 印　　刷 | 天津中印联印务有限公司 | | |
| 规　　格 | 148mm×210mm　32 开本 | 版　次 | 2022 年 3 月第 1 版 |
| 印　　张 | 6.75　插页 1 | 印　次 | 2022 年 3 月第 1 次印刷 |
| 字　　数 | 104 000 | 定　价 | 59.00 元 |

版权所有　　　侵权必究　　　印装差错　　　负责调换

谨以此书

献给那些埋头苦干、永远忙不完的母亲

# 序

你是否总为时间的快速流逝而恐慌？你是否总觉得自己是最倒霉的，处处比别人慢半拍？你是否觉得只有自己每周一披头散发忙得像个疯子，而别人都从容不迫、淡定优雅地啜着燕麦牛奶或拿铁咖啡？

要做的事实在太多，而时间又太少，这让你茫然又抓狂。唯一肯定的是，你不可能把所有事都做完。你必须有所取舍，而且是明智的取舍，否则就会因浪费宝贵的时间而深陷悔恨的泥潭。

时间飞逝，把你远远甩在后面，有这种感叹的倒霉蛋可不止你一个。很多人都有这种感觉：早上睁开眼，好像还什么都没干就到晚饭时间了——甚至连睡衣都没来得及换！还感觉特别累，就像被一辆货车撞散架了，每块骨头都在喊着疲惫。

怎么样？你是不是在疯狂点头？是不是也和我一样，不知该如何利用好不容易空闲下来的时间？假设现在有整整两个小时都是属于你的，你决定利用这段时间干点什么？是好好休息一下，还是做家务？要不追个剧（自我照顾），或是给妈妈回个电话？你思来想去、犹豫不决，不知不觉已过去45分钟，而你一件事都还没干！

就算你心里很清楚如何利用这段宝贵的闲暇时光，但作为现代女性，你满脑子装的都是比消磨时光更重要的事。一个女人要做的实在太多了，永远都做不完！也许你整整一周都在想去跑个步，但不管你怎么努力完成手头的事，中途总有别的事突然冒出来，你就不得不把跑步计划一推再推，致使五千米的目标永远无法完成；也许是老板让你加个班；也许是孩子不小心把豌豆塞进鼻孔，你得带他去做个小手术；也许等你好不容易腾出时间去跑步，却发现忘了洗装备。

如果手头的事太多，多到你的脑子都糊涂了，那就读读这本书吧！如果肩上的担子太重（照顾家人、操持家务、应付工作），重到让你感觉自己快被压趴下了，那就读读这本书吧！如果你早上睁开眼，发现一堆待办事项如同一堆乱麻，千头万绪让你不知从何入手，那就读读这本书吧！如果生活把你逼得只想把头埋进枕头里，恨不得按下暂停键不再当大人，那你一定

# 序

要读读这本书！

我最近在社交媒体上做了一个小调查，发现很多回应者（大部分是女性）都觉得自己在时间面前无能为力，并因此感到压力山大。我想告诉你，恨不得一天有 25 个小时的人可不止你一个。然而，时间可不像长在树上的果实，让我们想摘就摘。我们也不能像电影《世外桃源》(*Out of this World*) 里的女孩那样，让时间说停就停。时光老人说一不二，他严格把守时间的边界，绝不容许拉长或延伸，每个人的时间都只有那么多。时间是有尽头的，流逝的每一秒都会永远消失、永不复返。说这些不是想让你感到恐慌，只是想让你看清残酷的现实。我发现，在一本自助书籍的开头让读者感受到一点儿严厉的爱，有助于心灵的成长。我们不能让时间暂停，也不能从虚空里拽出一个小时，但我们可以想想办法，让堆积如山的待办事项和大小要求都乖乖听话，变得井井有条。这就是我写这本书的目的，也是你接下来要做的事。

我希望你在读完本书后，能掌握一套打开新世界的技能。从此以后让你送孩子上学时再也不会迟到（并且不会忘记涂唇膏），还有时间做你梦寐以求的事，说不定还能抽出时间写本书（就像我现在这样）。所以，现在去给自己泡杯茶，拿几片最爱的小饼干，舒舒服服地坐下来，好好读一读我为你写的这本关于时间的书吧。

The Organised Time Technique
偷个懒也没关系：让妈妈不焦虑的时间整理术

## 我是谁

可能有些读者不知道我是谁，这是我的第二本书，第一本书叫《妈妈管理术》(*The Organised Mum Method*)，我将这种方法简称为"TOMM"，告诉大家如何把家务管理得井井有条。书中的内容源自我的亲身经历，当时我是新手妈妈，被家务搞得手忙脚乱。如果你读过那本书，你就会知道，我不是一个天生做事有条理的人。事实上，"有条理的妈妈"这个词一开始就带有玩笑的意味，因为当时这不过是我求而不得的一个梦想罢了。换句话说，我在假装自己是个做事有条理的妈妈。

我从小到大都不是那种擅长把一切打理得井井有条、把生活过得顺顺当当的人，从来没像有些女孩那样，会仔仔细细地给课本包上塑料书皮，让书皮服服帖帖的，看不到一个气泡（时至今日，我对如何做到这一点依然不得要领）。我甚至做不到每天放学回家时裤袜都是完好的——它总是被我不小心戳个大洞。说实话，我一直很自卑，觉得自己像个半成品。

我只能笨拙地摸索如何才能让生活过得有条理一些。真正的转折点是第一个孩子出生后，那时我陷入产后焦虑，认为必须让家里一尘不染才是好妈妈。刚开始的时候，我每天花好几个小时打扫卫生。初为人母，我本应好好地陪在孩子身边，我却把宝贵的时光都浪费在了擦水池和吸地上。幸好我后来意识到这样不行，需要做出改变，于是想出一种方法——每天只用30分钟搞卫生，每周这样做五天（周末就特意不做家务了）。毫不夸张地说，我觉得自己的生活又回来了。我成功地让家务乖乖听我指挥，而不是被家务指使得团团转，我已将具体方法巨细靡遗地写进了我的第一本畅销书里。不过，我的故事才刚刚开始。

当第一段婚姻以失败告终时，我体会到了单亲妈妈的苦涩，也知道了作为家中唯一的成年人撑起整个家是多么艰难。这是一种前所未有的压力，不仅意味着几乎没了自己的时间，更讽刺的是，还比以往任何时候都更需要自己的时间。同时，我还必须想办法把一切都做得比以往更妥帖，因为再也没人帮我收拾残局了。成为单亲妈妈的时候，家里只有我、汤姆和容尼，他们当时分别是4岁和18个月。我突然面临一堆此前连想都没想过的挑战，也正是这些挑战让我变成更强大、更快乐的人。

一开始的日子很难熬，我吃不下东西（正是这种"离婚节食法"帮我减掉了最后的婴儿肥）。我还记得自己一边哭一边喂坐在高脚椅上的容尼吃东西，也记得自己给律师打电话时因哭得说不出"离婚"两个字而不得不尴尬挂断时的情景。我还记得自己一直觉得很冷，而当时是炎炎夏日，可能是因为我受到的打击太大了。

但我依然是个母亲，这意味着我不能放纵自己沉沦在情绪里，因为还要去履行作为母亲的职责。我也不能用酒精麻醉自己，每晚都在醉意中睡去。我必须带汤姆去公园玩，教他一些上小学前必须掌握的知识；必须及时给容尼换尿布，确保他俩都幸福快乐、吃饱喝足、得到关爱。除了满足孩子们的各种需求，我还必须解决其他问题。突然之间，我不得不考虑如何在经济上独自应对。我不得不卖掉当时住的房子，找一个出租屋，同时还要经营生意，找一份可以在家办公的新工作（就是在那个时候，我开始写作，并且在这条路上勇往直前）。

当时，我迫切需要一个行动计划，于是我想到了一种可以帮助自己应对困境的方法，以帮我过好当下，而非沉沦于过去。在婚姻破裂前，我用前面提到的妈妈管理术处理家务，但我知道光有这个方法还不够，还需要有一些别的东西，这就是"时间整理术"（the organised time technique，TOTT）的由来。

妈妈管理术不只能帮人们拥有一所干净的房子，还是一种生活方式，帮我成为我想成为的人。多年来，我学会了如何更好地平衡我的时间，而妈妈管理术已经成为一项更宏大的技术的一小部分——正是这项技术让我的生活始终保持正轨运行。这项技术的其余部分就是我将与你分享的内容。本书为你提供了一套完整的方案，帮助你从手忙脚乱到从容不迫，从焦头烂额到气定神闲。

## 撰写本书是众望所归

这些年我帮助过的女性数以万计,不仅包括当年以产前指导教师和产后陪护身份帮助过的客户群体,还包括后来在Facebook上经营"妈妈管理术"的公共账号时帮助的社群成员(截至目前,我们的社群已拥有超过10万名成员),这本书就是我多年助人经历的成果。

为什么要写这本书呢?因为我经常被问到这个问题:"我该如何才能找到时间来掌握妈妈管理术呢?"起初只是偶尔有人会问我这个奇怪的问题,但后来问这个问题的人越来越多。很明显,缺乏时间已成为人们面临的最大障碍——不仅没时间搞定家务事,也没时间处理其他事项。

如果你已为人父母,正在山一样沉重的生活和工作压力下苦苦挣扎,竭尽全力平衡养家糊口所有事的同时,试图挤出一点点属于自己的时间,那这本书就是为你写的。很多母亲被紧张的生活驱使,就像困在仓鼠轮上的小仓鼠一样每天疲于奔命。这样的形象是否让你感到很熟悉?对很多母亲来说,小酌时刻已成为忙碌一天后终于可以暂时放松的代名词。每天的生活都像一场白热化战斗,她们希望杜松子酒能带来些许慰藉(但酒精往往意味着生活逐渐毁灭)。单调的日常生活就像仓鼠轮一样把她们牢牢困住,于是她们把杯中之物视为摆脱乏味生活的唯

**The Organised Time Technique**
偷个懒也没关系：让妈妈不焦虑的时间整理术

一出路，那是在漫长一天结束后的短暂自由时光。

当然，还有很多方式可以帮助我们逃离单调又令人厌烦的日常事务。可以是小酌一杯，也可以是狂追剧，或者闪电般吃掉一整罐薯片，这些都是对现实的短暂逃避，是我们应对现实的不同机制，共同之处是会分散我们的注意力，让我们不去面对那些亟待解决的问题——也许是讨厌的工作、陷入困境的婚姻，或者只是单纯因照料家庭而产生的乏味感。

疲于应付生活的妈妈们是现代的落难女子，谁来拯救她们呢？没有人。我们不能一直强迫自己像老黄牛一样担负越来越多的工作却又不求回报，我们必须拯救自己。因此，不要再使用那些应对机制和逃避策略了，它们只是给了你短暂的喘息时间。让我们撸起袖子，一劳永逸地解决这些问题吧！

接下来的内容，我将向你介绍"时间整理术"，这是我的主要方案，为你提供所需的工具和头脑空间，为你的生活建构起一个框架，让你永远清楚地知道自己应该在何处、做何事、何时做。更重要的是，它能帮你找到时间去做那些让你找回自己的事。

我多么希望自己在年轻时就有机会读到这本书和我写的第一本书，它们可以更早地帮我把生活梳理得井井有条，我犯下的错误也会比现在少得多。我希望通过这本书可以帮更多人找到生活的平衡。希望你能喜欢这本书。在写作的时候，我是带着爱的，是为所有在生活中焦头烂额、疲于应对的女性而写的。请在读完之后，把它转送给你的朋友或家人，让我们把这份爱传递出去。

现在，你准备好了吗？让我们来学习如何将生活牢牢掌控在自己手里，不再被驱使得像疯子一样团团转，让我们来学习如何让生活像时钟一样运行有序。

# 目 录

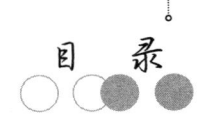

## 第 1 章　为何焦头烂额

"十全十美"带来的压力　//　003

家务分配不公　//　005

每天的时间花在哪儿了　//　010

## 第 2 章　是时候改变了

何为"时间整理术"　//　020

时间训练营　//　026

时间训练营的训练结束后该怎么做　//　035

你是哪种类型的时间管理者　//　035

## 第 3 章　时间都去哪儿了

吞噬时间的陷阱　//　052

一天只有 24 小时　//　057

## 第 4 章　夺回你的时间

哪些事情应被清除　//　068

设定边界，勇敢说"不"　//　077

如何在工作中说"不"　//　081

## 第 5 章　减轻你的负担

别再牺牲自己　//　087

什么值得做　//　093

没有荣誉勋章　//　095

## 第 6 章　管理你的时间

进入正题　//　099

事务分级　//　100

统筹安排　//　102

重头戏来了　//　105

随机应变　//　109

目 录

第 7 章　坚持你的原则

　　关于权力　//　116

第 8 章　改变你的习惯

　　休息不是浪费时间　//　128
　　母亲同样需要得到关爱　//　130
　　重新学习放松　//　133

第 9 章　内疚感是魔鬼

　　内疚感与网络梗　//　141
　　内疚是如何开始的　//　143
　　当别人不信时间整理术时　//　145
　　必须现实点　//　148
　　活儿是永远都干不完的　//　149

第 10 章　让自己偷个懒

　　来自他人的期待　//　156

第 11 章　创建新项目

　　积少成多　//　162

## 第 12 章　用在工作场合的时间整理术

给工作时间划分单元　//　172

专心工作的黄金法则　//　177

在家办公如何保持专注　//　178

## 第 13 章　实用省时技巧

减负，释放你的头脑空间　//　186

来自"妈妈管理术"社群的省时技巧　//　188

后　记　//　193

译者后记　//　195

第 1 章

**为何焦头烂额**

在介绍时间整理术前,我们需要先处理一些家务事。为了让时间整理术发挥作用,你首先要搞清楚这本书最初吸引你的是什么,这样你才能真正了解自己为什么会如此焦头烂额。

## "十全十美"带来的压力

身为 80 后,少女时期的我满怀雄心壮志。有人告诉我,这是一个以女性为中心的新时代,我们可以拥有十全十美的人生。每个女人平均可以拥有 2.4 个孩子和能充分体现自我价值的职业。微波炉可以使我们成为伟大的厨师——只需去掉外包装,在薄膜盖上扎几个孔,放进微波炉,几分钟后家人就会为我高超的烹饪能力欢呼赞叹了。

十几岁时，我上了一所女子学校，在那里学会了缝制坐垫，在食育课程上学了些烹饪知识（制作康乃馨馅饼和蛋黄酱），还学会如何接插头。这一切听起来不错吧？我是否就获得了足以成为十全十美女性的生活技能呢？很遗憾，并没有。

几十年前，有人告诉我和我的朋友们，我们可以成为任何想要成为的人，去任何想去的地方，会有能力养家糊口，而且家庭美满，事业成功。但没人告诉我们如何才能真正拥有这一切。我们也没有真正质疑过，身为天真无邪、涉世未深的青少年，我们一厢情愿地认为一切皆有可能，因为别人就是这么告诉我们的。没人让我们坐下来，认真分析这些美好愿望是否真的能一一实现；也没人考虑过，如果我们深信不疑地认为自己可以拥有一切，最后发现竹篮打水一场空时，是否会受到打击，出现心理问题。

恕我直言，"现代女性可以做到十全十美"的想法不过是诱人的海市蜃楼，大多数人都会在自己人生的某个时期受其蛊惑。根据我的经验，如果你的目标是这辈子心想事成，拥有完美人生，那你很可能会在前进的途中迷失自我。因为完美的生活根本不存在，这是一个不可能实现的目标。

当很多女性发现自己并没有拥有梦想中的工作、房子、男人、行为无可挑剔的孩子、健身房里练出来的完美身材，也没有时间亲手烹制一顿健康美食时，就会感觉自己很失败。我每天都会看到这样的女性,你可能就是其中之一——至少我知道自己曾经是。

在这里我要告诉你,你并没有失败。如果你努力追求的是这种水平的完美,那你对自己的要求就太高了。这只是一种理想,你永远不可能将其变成现实。我希望你能非常清楚地理解我想要表达的意思。作为女性,我们可以成为任何我们想要成为的人,可以去任何我们想去的地方,但我们不可能做到面面俱到、事事周全,不可能在生活的每个领域都达到完美。如果我们努力想做一个完人,结果就好比两头烧的蜡烛。为了真正摆脱束缚,我们要彻底改写人生剧本。我们要掌握时间管理技能,接受自己不能做到面面俱到、事事周全的事实,并学会分清轻重缓急,将最有价值的事放在首位。

## 家务分配不公

在社交媒体上,我的关注者中有 98% 是女性。数字不会说谎,我并没有强迫女性关注我,也没有阻止男性去点击关注。相信我,我非常希望在自己的关注者中,男女各占一半。但事实是,关注我的人几乎清一色是女性,她们都在苦苦寻找一种方法,能让自己在家务、管理家庭、恪尽母职、完成工作以及种种生活事务中游刃有余。这就是无可辩驳的事实。

这些女性都在竭尽全力地想办法平衡身上的诸多责任，因为在很多情况下无法做到兼顾。可是，凭什么女性就要独自承担这么多重任呢？我知道这个话题很复杂，确实很难驾驭，但我们必须加以引导，而且必须是现在。就算不为我们自己，为了子女我们也必须这样做。因为如果我们现在不去讨论并加以解决，我们的后代也将不可避免地面临同样问题。

在Facebook上，我每天都会在"妈妈管理术"社群中与很多人交流（通常是女性，但也不一定），这些人正在想办法实现家务的公平分配。她们感觉自己承担的家务太多了，超出了应该承担的份额，认为自己牺牲了很多，却又找不到办法摆脱现状。我们可以从中看到一个不断重复的模式：因承担过多家务日益不满，让其他人干吧，又觉得还不如自己干算了——否则家里就会鸡飞狗跳，一片狼藉。

在发明妈妈管理术前，我是负责传授产前和孕中期护理知识的指导教师和产后陪护人员，与很多妈妈打过交道。最忙的时候，每周有一百多个妈妈走进我的工作室，一些是带着新生儿的产妇，还有一些是正准备生第一个、第二个甚至第三个孩子的孕妇。在博客和社交媒体上讨论妈妈管理术时，我仍然与很多女性交流，只不过面对的群体更大了，网络使我能接触到成千上万的女性，遍布世界各地。这使我处于一个独特的位置。多年来，我在现实生活中和很多妈妈谈过。我会为她们冲咖啡、做蛋糕，倾听她们遇到的问题和挫折。现在，通过网络私信的方式，我为更多人提供倾听的耳朵和可以靠着哭泣的肩膀。这意味着我对妈妈的心思了如指掌，知道如何才能打动她们。你知道我总能听到的是哪句话吗？

**"自从当了妈妈，我就发现自己成了管家。"**

下面这些事通常是由妈妈负责：

- 购买日常用品；
- 做饭；
- 洗衣；
- 打扫房间；
- 遛狗；
- 其他种种繁重枯燥的家务——在我们从前对"母亲"这一身份的浪漫憧憬中，在从小被兜售的"十全十美"的人生梦想中，它们是完全不存在的。

这一切都会让女性产生不满与怨怼。我的意思是，有这样的情绪不是很正常吗？有什么可奇怪的呢？我们应该关心的是，为什么会出现如此不公平的家务分配？

长大成人后，我经历了一系列人生变化：结婚生子、离婚再婚、自主创业，之后从事了一段朝九晚五的工作，最终进入写作行业。生活让我日益明确地意识到,作为现代女性,我们面临一些非常艰难的选择,每个选择都意味着要承担一定的后果。如果想生孩子,那么这通常意味着我们不得不中断职业生涯去休产假,这个时候那个号称"十全十美"的大饼再次落空了,因为一切并不像我们曾经被引导相信的那样简单。

当某人(通常是女性)休假在家照顾孩子时,照顾孩子这一摊事肯定会逐渐和另一摊维持家庭运转的事混到一起。事实上,它们会逐渐变得你中有我、我中有你,完全难以区分。很多时候,当这一切发生时,甚至没有人(包括妈妈本人)会注意到。当你坐在哺乳椅上给新生儿喂奶时,脑子里想的是那张永无止境的待办事项清单:一堆要洗的衣服、亟待打扫的屋子、需要补满的冰箱。你的思绪开始越飘越远,想到的待办事项越来越多。有时候,当你的视线扫到房间里桌子上那堆还没叠好的干净衣服时,会感到它们正对着你虎视眈眈。所以,为了让自己好受点,让周围的环境整洁点,你只能认命埋头苦干——叠衣服、洗衣服、给冰箱补满,很快这些就成了你的分内之事。但与此同时,你忽略了一个事实:你休产假不是为了给这个家当老妈子的,你是为了哺育孩子,为了让自己早日从分娩中恢复过来,才暂时离开工作岗位的。

到了决定是否返工以及何时返工的时候,你又会面临一个重大选择。或许你并没有选择的余地,因为财务状况已经为你

第 1 章　为何焦头烂额

做出了选择——你必须回到原来的工作岗位，而且是尽快。这时你又站在了一个十字路口：选择维持现状，继续照管家务（或尝试这样做），还是找一个保姆（如果你负担得起的话），或者是和你的伴侣谈一谈，商量平分家务（假设你的伴侣愿意合作）。与伴侣讨论这个问题可能有点儿难以启齿，因为过去的几个月你已经进入照管家务的角色，而现在要求伴侣与你分担，意味着你是在要求他承担"额外"的工作，你可能会因此心生歉疚，并立刻产生一种自己"不够好"的恐慌，认为自己作为母亲和女人是失败的，因为你不得不让别人帮忙履行本该属于自己的职责。我们不是在很久以前就被告知，我们可以十全十美吗？不但如此，你还会感到害怕，担心自己会变成恐怖漫画中那种尖酸刻薄、爱唠叨的妻子，那可是我们所有人都不想看到的。

这是一个我们根本无法两全的局面，就像杂技演员一样，同时转动所有盘子，会不可避免地掉落一些，并因此感到巨大的压力和痛苦。所以，接下来我要向你介绍时间整理术，它可以帮你对现实处境做出新的考量，减轻你在无意识中揽在自己身上的负担，并为那些对你而言最重要的事腾出时间。

## The Organised Time Technique
偷个懒也没关系：让妈妈不焦虑的时间整理术

## 每天的时间花在哪儿了

来吧，问问我这一天都干了什么，随便你问！

如果你像我一样在社交媒体工作，一定会听到一些令人惊讶的故事。比如下面这个，因为实在太让人心酸了，必须拿出来和大家分享。

有一天，我在 ins 上提出，生活中几乎很少有人真正关注烦琐的家务，当然，除非摆在那里没人干的时候。然后很多人在回复中对此展开讨论：

- 妈妈，我体育课要用的那些东西呢？
- 妈妈，冰箱空了，我要饿死了！
- 妈妈，厕所里没纸了！

我收到很多回复和评论，几乎都表达了赞同，大家认为大多数家务都是吃力不讨好的工作，但对于维持家庭的正常运转又是必要的。有一条回复真正触动了我（后来我在很多场合反复提到）。回复者是"妈妈管理术"社群中一位可爱的成员（我们就叫她玛吉吧），她是这样写的：

> 我感到自己在这个家太不受重视了，也受够了大家认为照料家庭是很容易的想法。所以有一天，我突发奇想，在每次做了与家务相关的工作后，都会在相关物品上贴一

张便利贴。那天晚上，家里到处都是便利贴！电视上的便利贴写着"我擦了这上面的灰"；慢炖锅侧面的便利贴上写着"这是我做的晚餐"；冰箱上的便利贴上写着"我往里面塞满了食物"……大家可以自行想象。

虽然玛吉的语气很轻松，但她指出了女性在日常生活中面临的一个严峻问题：家务劳动不仅没有报酬，而且很多时候根本没被当回事。所以，忙活了一整天后，你自己大概也很难说清楚都干了什么。这绝不是新问题，我相信大家都读过无数博客文章和报道，告诉我们如果操持家务的全职妈妈是有偿的，她的工资应该是多少。我们还看过无数文章，要求女人不要斤斤计较，不要总想着自己是否比其他女人更辛苦。我们也都读过将全职妈妈与职场妈妈进行比较的文章。关于这个主题，我们不妨这样来看，你可能没有：

- 参加董事会；
- 解决英国脱欧争论；
- 赚到 100 万英镑[①]。

但你**做到了**：

- 给孩子擦鼻涕；

---

① 1 英镑 ≈ 8.58 元人民币。——译者注

- 照顾发烧的孩子；
- 调停兄弟姐妹之间的争吵。

在做这些事的同时，你还争分夺秒地为全家准备好了圣诞化装晚会的服装，并做好了圣诞大餐！在我看来，这是非常忙碌充实的一天。我们**每个人**都要意识到自己对家庭和社会的贡献有多重要，认识到自己真的做了很多事。好吧，我承认，打扫厕所确实很不起眼，但它有助于保持家里的卫生，良好的卫生条件有助于家人的健康，拥有健康才能保证夫妻正常外出工作，孩子们正常去上学。家庭顺利运行是社会这台大机器中非常重要的一个齿轮，分工可能有所不同，但并不意味着谁比谁更重要。

做产后陪护的时候，我经常看到一些新手妈妈忙到中午都来不及换下睡衣。她们总是会向我表达歉意，可能担心我会认为她们整个上午都无所事事，一直在慢悠悠地吃东西看电视，懒得好好穿衣服。然而，如果这些女性使用玛吉的方法，将那天早上所做的一切列成清单，我敢打赌，这个清单绝对会像她们的手臂一样长，可能列满了如下事项：

- 换尿布；
- 喂孩子；
- 清空洗碗机；

## 第 1 章 为何焦头烂额

- 换尿布；
- 重新装满洗碗机；
- 喂孩子；
- 给奶瓶消毒；
- 换尿布。

这个画面，你懂的。和许多女性一样，作为母亲，我经历过全职妈妈、在家办公和外出工作几种不同的工作方式，每一种都具有独特的挑战性。当你的工作是待在家里照料家庭时，家就是你的职场，你永远无法逃离。你不能下午五点就潇洒走人，不管有多少工作都统统留到第二天再说。你的工作就在身边，无孔不入，无处不在，所以你永远无法下班。而如果你是职场妈妈，那么无论你的办公地点是在家里还是在办公室，当你完成日常工作后，就得开始**另一种**类型的工作。

所以，我想说的是，家庭 CEO 们，团结起来吧！让我们一起努力！是时候为自己夺回一些时间了！请把这本书看作培训课程，它将帮你成为家里了不起的 CEO——周末下午可以在高尔夫球场上度过的 CEO！

第 2 章

**是时候改变了**

## 第 2 章 是时候改变了

从本章开始，我们要逐渐改变一些观点，纠正过往有失偏颇的地方。我们要统筹安排，让一切井然有序，不再感觉自己像家里的洗碗工，而是更像我们年少时梦想成为的那种女性。如果你不想让永无止境的琐碎杂事一点点耗尽人生，那么请一定要这样做。你要尽力摆脱那个让你拼尽全力也无法抵达终点的仓鼠轮，开始真正的生活。我想说的是，你应该开始过你年少时憧憬的那种生活——至少是其中一个版本（少女时代的我梦想嫁给披头士乐队的马克·欧文，可惜直到现在我还没找到任何能把这个梦想变成现实的办法。但没关系，我有的是时间——我一直是个乐观主义者）。

改变的第一步，也是最重要的一步，就是要认识到你目前的生活方式有问题。你要允许自己做一些打破常规的事，试着改变现状。为什么我们总是觉得时间捉襟见肘呢？第 1 章指出了最主要的原因——因为我们就像杂技演员一样，在同一时间抛接的球太多了，搞得自己疲于应对、顾此失彼。现在请仔细检查一下，你每天到底做了什么让自己感到如此手忙脚乱。搞清楚这点后，就可以了解如何改变处理日常事务的方式。

根据我的经验，在开始行动前，大家最好先认清一些不可更改的事实，这些是时间整理术的基础。

- **事实 1**：一天只有 24 个小时，即 1440 分钟，这是一个简单残酷且不可更改的事实。
- **事实 2**：时间有着明确而绝对的边界，用完了就没有了，休想得到更多。
- **事实 3**：我们唯一能做的是，学习如何有效使用我们的时间。否则，我们只能不断地拆东墙补西墙，从其他地方抽出时间完成该做的事。这就像不得不向一个人借钱以还欠另一个人的债，所以你会看到很多人从那些对健康幸福而言至关重要的事（如睡眠）上抽时间。

任何曾经被剥夺过睡眠的人（我想这几乎适用于所有正在读本书的人）都会知道，当睡眠不足时，我们会变得越来越像"黄脸婆"或"老妈子"。它会让我们无精打采，让所有事都显得令人厌烦且难以应付。这就是为什么必须保证睡眠充足——

## 第 2 章 是时候改变了

确保身体处于健康状态，能够发挥最佳功能。

在进一步讨论前，我想先声明一点，我并不打算向你展示如何用 24 小时尽量完成更多的事，我要做的是鼓励你改变态度，不仅要给自己时间和空间去做那些"必做"的事，也要给自己留出时间去做"想做"的事。我希望你能发自内心地接受这点：

> 改变态度不仅能让你有时间做你必须做的事，还能让你有时间做你想做的事。

请把这句话念给自己听。

是不是感觉有点任性放纵？当我们被反复灌输的观念成功洗脑，认为身为母亲能在上厕所时享有五分钟的安宁时光已是幸事的时候，却在考虑规划一大块自我照顾和自我成长的时间，会不会显得有点不太合适？如果你的答案是肯定的，那就意味着你**绝对**需要开始反击了。如果"留出一些时间给自己"的想法让你感到内疚，就说明你对上面那句话的理解还不够。从今天起，你必须开始想办法找到属于自己的时间。这就是我写本书的目的，我希望用时间整理术来帮你做到这一点。

我敢肯定，如果可以选择，我们都不愿意用抱怨、胁迫、贿赂或唠叨的方式让家人帮忙做家务，就为了让自己能忙里偷闲去泡个澡或看会儿书,这不符合我们为成年的自己立下的人设。如果有的选,我很肯定,你更愿意过没有负担和压力的生活,宁愿以每小时 100 英里[①]的速度疯狂干活,就为了不让家务拖后腿。然而,如果你希望有时间安安生生地泡个澡,就需要对那些将你的脑袋(和生活)塞得满满当当的事进行评估,把妨碍你在泡沫中放松的事清除掉。简言之,你必须摆脱那些没什么用的事。

要做到这点,你得做一个全面彻底的评估,看看自己每天都在忙些什么,时间到底花在哪儿了。为此,你要完成时间训练营的训练,并且在看到训练营的结果时下定决心,一定要公平地对待自己,不要因为你认为"应该如此"而任由自己陷入过度繁重的家务中。

## 何为"时间整理术"

在我们一头扎进时间训练营之前,我想先向大家解释一下时间整理术。

时间整理术源于我的灵机一动,当时我正运用妈妈管理术把每天的时间划分成一个个小段。在成为母亲前,时间对我来

---

[①] 1 英里 ≈ 1.6 千米。——译者注

## 第 2 章　是时候改变了

说并没什么特别意义——不就是按时上班下班，晚上稳稳当当地坐在沙发上追看美剧《老友记》嘛！事实上，我敢肯定，大多数人（甚至所有人）在成为父母前，都会感慨自己真的很闲，完全没意识到一旦有了几个小人儿需要照顾，时间就将会变得多么紧张！唉，可以无忧无虑地浪费时间是多么奢侈啊！成为母亲后，我被强烈的母性本能深深触动，我要为全新的小家庭创造最美好的环境。我放弃了自己的生意（我曾拥有一家非常成功的炸鱼薯条店——我做的豌豆泥超级棒）。在母性本能的驱使下，我的注意力毫不动摇地转向了"母亲"这个新的人生角色。于是，不可避免的事发生了。正如前文说过的那样，所有家务都落到了我头上。起初，我欣然接受，但并不确定促使自己这样做的原因是什么——是试图创造一个完美的家，还是享受全新的挑战，或者是兼而有之？无论如何，我兴致勃勃地进入了新角色——家庭主妇，甚至还给自己买了一整套清洁工具，包括配套的粉色围裙、橡胶手套和刷子（现在想起来都觉得好笑）。

　　我是那种要么不干，要干就要干到最好的人，从零到百分之百飙升的速度非常快（这既是一种福气也是一种诅咒）。很快，我对成为最佳母亲和妻子的渴望就变成了一种执念，占据了我一天当中的大部分时间。后来，我觉得这样下去不是办法，于是我决定将清洁工作分成一个一个小任务，完成每一个任务所需的时间约为30分钟，这就是"妈妈管理术"的由来。我创建了一个每天劳作30分钟、以8周为一个周期的滚动清洁方法，这意味着整座房子每两月就能得到一次全面清理。这种方法很有效率，让我在干活时目标明确，并且将所有清洁工作划分得一清二楚。这样一来，如非必要，我就不用再去考虑它们，这意味着我终于能控制住自己的"清洁强迫症"，开始真正享受"母亲"这个身份带来的快乐和美好。很快，我就认识到这种划分时间的技巧有多强大，并开始将其应用到生活的其他方面。比如，当我需要做一些文书工作或完成一些已经拖延很久的琐事时，就会采用这种方法。

我仍然清晰地记得人生中那个处境极其艰难的时期（第一次婚姻破裂后），我正是从这段经历中认识到这个技术的价值。当时我被婚姻的破裂打击得失魂落魄、不知所措，只觉得自己的人生已经天翻地覆。可是，我必须照顾两个年幼的孩子，忙活生意，管家理财，还要打起精神面对让人心力交瘁的离婚过程，我完全被压垮了。然而，我知道自己必须振作起来，于是开始设计并使用一些比较实用的方法。我把每天的时间切分成一个又一个30分钟，逼迫自己用每一个30分钟做点儿实事，用这种办法让生活回到正轨。我利用这些时间咬牙完成了那些不愿面对的事，例如，把账单改回我的名字、理清财务状况。这种方法非常管用，因为这样短的时间还不至于把我压垮。它的好处在于，随着时间的推移，我能在不给自己本就已经很脆弱的心理状态带来更多影响的情况下完成很多事。接下来，我开始全面整理自己的生活，每次 30 分钟。

这个技术非常成功，至今我仍然坚持使用。并且，妈妈管理术也自然成为时间整理术的一部分。它在帮我管理时间和安排生活方面居功甚伟。在伴随我多年后，妈妈管理术已充分证明其重要性，时间整理术也是如此。这些年，正是因为有了时间整理术，我才能自主创业，在家里工作，同时还能赚取体面的收入，能作为产后陪护 24 小时待命，有能力养大三个孩子，还能著书立说（最初是一本，现在是两本）。我知道，如果没有时间整理术傍身，要实现这一切比登天还难。它使我能够把一切都安排得井然有序，帮我处理好时间上的冲突——你完全可以想象，身为全职女性，养育三个可爱孩子的母亲，一个男人的妻子，同时还是一只非常可爱活泼、需要定期散步的杰克罗素梗的主人，我是多么地忙碌！

我现在依然在使用时间整理术，它每天都在帮我应对生活中那些总是喜欢突然冒出来的坎坷与变故。当然，我的生活并不完美，又有谁的生活是完美的呢？我和现任丈夫依然会遇到种种困难，但我始终知道，时间整理术就是我稳定而可靠的后盾，如果事情偏离轨道，我总是可以依靠它回到正轨。

在我打理的"妈妈管理术"社群中，很多成员都认识到了把时间划分成不同组块的好处，尤其是处理那些你不太喜欢的工作。经常有成员与我联系，告诉我妈妈管理术（即限定一段时间并坚持下去）不仅能激励她完成任务，还能帮她将那些棘手的任务分解成更小的、可以一点一点完成的组块。比如，清理阁楼，当你把它看作一系列需时 30 分钟的小块工作时，似乎就不那么令人望而生畏了，你可以这次先完成一些，下次再继续做。

好了，现在让我们言归正传，分析时间整理术到底是什么，更重要的是，它能为你做什么。

### 分解你的时间

我希望你从现在开始，把一天看作一系列时间单元——不是小时和分钟，而是单元。为什么要这样呢？因为唯有如此，你才会把自己的时间看作有限的，是可以（而且一定会）耗尽的。

那该如何分解自己的 24 小时呢？这完全取决于你。也许你想以 1 小时为单位，把它分成 24 个时间单元；也许你想以 30 分钟为单位，把它分成 48 个时间单元；你甚至可以以 15 分钟为单位，把它分成 96 个时间单元。就我个人而言，我一直认为以 30 分钟为一个时间单元是最灵活适用的，所以我在本书中也是以 30 分钟为单位的。这意味着在每个 24 小时内，你都有 48 个时间单元可用。

这就是你的起始点，是你每天拥有的全部时间单元，你不能向别处借来更多，也不能把它们储存起来供明天或下周使用。你的时间单元不会像滚雪球一样越滚越大，每当午夜钟声敲响，它们就会化为一缕轻烟消散。你手里有多少就是多少，它们就是你的全部。你只有两个选择——使用它们，或失去它们。这听起来很残酷，但却是事实。

## 时间就是金钱

我希望你能像看待辛苦赚来的钱一样看待你的时间，学会明智地加以使用。你肯定不会挥霍每个月的薪水，所以我希望你能以同样（即使不能更胜一筹）慎重的态度来珍惜自己的时间。而且，如果你懂得明智地利用时间，就会看到时间整理术神奇的连锁效应——你的收入会增加，每个月的薪水也会水涨船高（你将在第 4 章中看到鲜活的例子）。

在深入研究时间整理术的具体机制前，我们需要先探讨你打算如何利用自己的时间。为此，我们需要从基础知识开始。现在，就让我们进入时间训练营吧！

The Organised Time Technique
偷个懒也没关系：让妈妈不焦虑的时间整理术

## 时间训练营

如果你接触过妈妈管理术，那么接下来的步骤对你来说将非常熟悉。首先，你将进入时间训练营，这是时间整理术的第一步，它能帮你找出目前你在时间管理方面的长处和短板，让你很快看到自己平时在哪些领域没有充分利用时间。

时间训练营会清楚地告诉你，时间之所以总是和你过不去，是因为你管理不善、缺乏动力，还是因为你贪多嚼不烂，当然，也可能是三者兼而有之。我们不妨把一天的时间想象成一个水桶，在每一天开始时，你都有满满一桶的时间可以用来完成所有任务，每项任务都需要一段时间。如果你的桶不结实，有几个洞就会漏水，你就会失去一些时间，而你现在要做的就是尽快找到这些洞，并将它们全部堵上。你不能一直用漏水的桶工作，否则你就会发现自己一直在原地踏步，会让你的时间和精力都漏掉。没人喜欢漏水的桶！

我知道，对很多人来说，这一步是整个过程中最让人不耐烦的部分。毫无疑问，你正跃跃欲试，想着手规划如何利用自己的时间。我非常理解你想要尽早进入正题的急切心情，但请相信我，完成"时间训练营"真的是至关重要的一步。为了让时间整理术取得应有效果，你不能错过这部分，它是整个过程的基石，也是其他部分的基础。

对于那些仍想跳过这部分的人（嘿，说你呢），请听我的忠告。如果你在时间训练营这一步心不在焉，最终的结果就是欲速则不达——时间整理术达不到应有的效果，而你将不得不重新开始。这样做实际上是在浪费你的时间，与我们的初衷南辕北辙。

## 练习如何安排时间

接下来的一周，把你做过的**每件事**都写下来（**巨细无遗**，只要是你付出了时间）。无论是早上的通勤时间，还是刷手机浏览社交媒体的时间，都必须一五一十地记录下来。至于如何追踪时间的去向，具体方法取决于你自己，但一定要对自己诚实。你之所以想读这本书，肯定是因为你想让每天的生活变得更有效率。而你要想找出问题所在，唯一的方法就是诚实地面对自己，了解自己的时间都花在哪里了，为什么每一天都过得不尽人意。

明白人不用多说，一旦注意到水桶漏水的地方，肯定会感到不舒服，或者有一点儿难堪。不过，请不要讳疾忌医——尽量对自己诚实。有时你需要稍微改变一下自己看问题的角度，或者让别人找出那些你自己看不到的问题（我就是这么干的）。出现问题并不是你的错，你没有做错什么，对自己仁慈一点儿。

你要知道，既然你愿意读这本书并进入这个过程，就代表你已经在全力以赴地寻求改变了。相信我，你完全可以做到。

好了，让我们开始吧！在接下来的七天，我希望你详细记录时间都花在哪里了。比如：

- 早上你花了多长时间准备；
- 从家到学校需要多长时间；
- 你的有效睡眠时间有多长；
- 你在社交媒体上花了多少时间——划重点，这是我们一定要搞清楚的！你必须记下刷短视频到底耗费了你多少时间！

请记住，在这个过程中，你必须保证做到诚实。如果你不诚实，唯一欺骗的人就是你自己。

## 提示与技巧

### 相信过程

如果你是个大忙人，那么在已经忙得晕头转向的一周里再增加一项任务可能会适得其反。对有些人来说，要求你记下从一个会议到另一个会议所花的时间似乎有点儿太过分了，甚至会让人觉得这是在浪费时间。但请相信我，如果你正好属于这个群体，你就是最需要时间整理术的人。不妨把在时间训练营阶段花费的时间看作一种投资，在全面执行时间整理术计划时，你一定会得到回报。

力求准确

在记录每件事花费的时间时，一定要保证准确无误。因为接下来在制订你的时间整理术计划时，要依据这些记录结果算出该为每项任务分配多少时间。如果你的记录不够准确，就无法分配准确的时间单元。因此，为了让将来的自己更轻松，请确保你现在的记录是准确的。切记，现在可不是瞎蒙的时候。这个计划的关键之处在于，你一定要以正确的方式真正经历这个过程，而非只是猜测做某件事需要多长时间，仅凭猜测有可能高估或低估完成不同事所需的时间。

坚持到底

极有可能出现的一种情况是，你很快就发现了自己在哪些地方明显是在浪费时间，或者在哪些事上严重高估或低估了所需要的时间。当你注意到这些问题时，可能会迫不及待地收拾东西，提前结束时间训练营的训练，认为已经找到了时间管理不善的原因。不过，请务必继续坚持整整一周，因为接下来你很可能会发现更多可以改进的地方。

### 别想太多

我希望你尽可能如常生活。如果你发现自己下班后并没有直接进家门,而是把车停在车道上,在车里坐了20分钟,望着天空发呆,享受难得的安静,那请一定要把这个小插曲记录下来。时间整理术并不是让你像机器一样玩命工作,或者在一天内尽可能少休息多干活,它关注的是如何让你在日常生活中保持平衡,让你有时间休息,做让你快乐的事。每一个这样的微小时刻都需要被记录下来。

### 无须自责

在这个过程中,你会清楚时间都浪费在了哪里,也许还会发现自己在生活中的哪些方面着力过多;相反,苛责自己、批评自己是没用的。对自己多一些耐心,并为你能够认识到可以改进的地方而欢欣鼓舞。别担心,时间整理术会为你提供工具来做到这点。

### 随时记录

强调随时记录这一点似乎有些多余,但为了尽量详细记录,你应该随身携带记录工具。手机上的记事本就是一个极好的选择。如果你曾计算过卡路里,那你肯定明白卡路里计算和时间追踪之间的相关性。这两种程序都要求记下每一件事——如果你作弊，它们就不起作用了。

避开节日

避开节日这一点是不言而喻的。如果你选择在圣诞节与新年之间的那一周进行时间训练营的训练，那肯定毫无意义，因为不能准确地反映你平时的生活状况。

## 切记要重新评估

切记，时间训练营的训练结果因人而异。事实上，你本周的结果可能与你几个月后的结果截然不同。你目前的生活环境将对你的训练结果产生巨大影响，同样，你在一年中的什么时候进行训练也会让结果大相径庭。在这个过程中起作用的因素太多了，这就是为什么我建议大家定期进入时间训练营。最好每年都对时间使用情况进行几次评估，以保障一切顺利，并确保你的决定仍然明智，让你的生活像时钟一样有序运行。我发现最好的训练时间是一月和八月（但绝不是躺在海边的沙滩椅上时）。

每个人都会面对自己的挑战，或许你刚生下三胞胎、正在照顾亲人、刚刚成为单亲妈妈，有很多情况需要你付出更多时间。而我目前也面临着时间上的挑战。写这本书是在2020年，正是英国爆发新冠肺炎疫情期间。这样的事是我们生平未见的，我的时间预算也从未如此紧张。迈克和我都在家做全职工作，同时还要教育三个孩子，分别是 4 岁、11 岁和 13 岁（为防止疫情传播，所有学校都关闭了）。整个英国处于封锁状态，这意味着我们都必须尽可能地待在室内，时间可能长达数周（甚至可能是数月）。如果时间整理术能经受住这些，那么我向你保证，它也能经受住你扔给它的任何东西。我承认，在写这本书时，我旁边就放着一大杯酒，老天知道我多需要它！

### 我的绝招

如果你需要紧急干预，必须现在就解决你的时间危机（可能没时间记录一周此起彼伏的烦琐杂事），那么下面这个快速练习可以帮到你。

现在，找个地方坐下来，把你目前正在做的一切都写下来。一定要事无巨细地罗列出来，然后一项一项地浏览这张清单，并开始删减。从那些可以等待、委托他人或完全放弃的事开始。这样做可以让你分清事情的轻重缓急，明确哪些是优先项，哪些该重点关注，这将使你被搅得毫无头绪的大脑变得清晰起来。

## 千万要注意细节

你的时间训练营笔记并不需要多么花哨复杂,只需随身携带一个小记事本和一支笔,或者使用手机上做笔记的应用程序。重要的是记录什么,而不是如何记录。笔记是否记得好,并不在于记事本是否精美、采用的字体和颜色是否考究,事实上,最好的笔记往往是那些因翻阅太多而卷了边的记事本,看起来很不好看,但却最有用,因为充满了细节。

在时间训练营的训练中,你会发现细节决定成败。在完成每一项日常工作时,请务必添加更多信息,越多越好。与此同时,还得密切监测自己的情绪,这有助于确定那些值得关注的点。你一定要了解自己一天中情绪和精力水平的变化,在将来按照时间整理术的风格来规划每日安排时,这些都将成为至关重要的信息。如果你在一天中的某些时候感到了压力,请一定如实记录下来,并写下原因。例如,晚饭后你要送孩子们去学习空手道,因而在把孩子们从学校接回家后就必须赶紧准备晚餐。但由于你没留出足够时间,因此尽管你做好了晚餐,孩子们却没时间吃,他们不得不在路上匆匆往嘴里塞了几口吃的。这让你感到很沮丧,认为自己一开始就不该辛辛苦苦地去做饭!要是只烤个比萨不就简单多了嘛——只需放进烤箱就得了!你费心劳力地想给孩子们好好做顿饭,初衷是好的,只不过时间不允许。别气馁,时间整理术可以帮你解决这个问题。

# The Organised Time Technique
## 偷个懒也没关系：让妈妈不焦虑的时间整理术

既然要尽可能详细地记录一切，就意味着你会注意到那些挡在前进路上的障碍——既有情绪上的，也有现实中的。也许你会发现，你的时间训练营笔记逐渐变得更像日记，你对自己的了解也越来越深入，远超最初预期。这很正常，这一切都是时间整理术的必经之旅。下面给大家举一个例子，说说周一早上的笔记大概是什么样子。

### 案例

周一早上——上学日

7:00 醒来（感觉不是很精神——昨天睡得太晚了），下楼喝咖啡，吃维生素，遛狗；

7:15 叫孩子们起床，洗澡（怀念不能安静洗澡的日子）；

7:30 给肚子咕咕叫的孩子们准备早餐（原计划是8点做）；

7:45 回到楼上，完成准备工作。听到孩子们在楼下争吵，感觉很匆忙，很紧张（怀念可以慢悠悠做准备的日子）；

8:00 一边吃早餐一边苦口婆心地劝孩子们做好

上学准备；

  8：15-8：30  离开家前，用 15 分钟快速整理。

全程神经紧张，完全没工夫想别的！

## 时间训练营的训练结束后该怎么做

  请你先郑重地告诉自己：你已经朝着拿回控制权的方向迈出了一大步——不仅是对时间的控制权，还有对生活的控制权。请热烈地为自己鼓掌。

  你已经完成了时间整理术的第一步，也是最重要的一步。在完成时间训练营的第一步训练之后，相信你已经能够清楚地看到，你在哪些领域的时间管理做得不尽人意。

## 你是哪种类型的时间管理者

  接下来，我们来评估一下你在上一阶段的结果，确定你属于哪种类型的时间管理者。

## "野心家"

如果你发现自己恨不得把一天当两天用，临睡前还在为没完成那张雄心勃勃的待办事项清单上的所有事情而自责不已，那你就是一个"野心家"。你可能会犯的错误是，恨不得榨干时间的所有价值，这样的投入会让你精疲力竭，把自己也榨干。下面就让我们来看看一个"野心家"的周一早晨通常是怎么度过的（剧透警告：她恨不得长出八只手）。

### "野心家"的早晨

卡丽是位单亲妈妈，有三个正在上学的孩子。她在家工作，有自己的事业。她对事业有长远的规划，并愿意为实现目标而拼命工作。此外，她还是家委会的负责人。下面我们来看看卡丽的自述。

5：00　起床。我一直坚持早起，因为我在书里看到，世界上很多成功人士都是和云雀同时起床的——早起的鸟儿有虫吃。我原计划在孩子们醒来之前给自己一小时处理邮件并做瑜伽，但老大早早就醒了，还把两个小的也吵醒了。我的邮件还没处理完，更不用说做瑜伽了。这一天还没完全开始呢，我就满腹怨言、心灰意冷。生活一定要这么艰难吗？

6：00　我放弃处理邮件和做瑜伽的念头，开始满屋子乱转，处理一大堆琐事：洗衣服、查看商业社交媒体账户。期间朋友发来短信，问我是否有孩子的备用运动服，她儿子把他自己的搞丢了。估计她今天就得要，于是我又去阁楼找衣服。

7：00　因为在阁楼找衣服，所以我有好一阵没顾及孩子们，这让我觉得很内疚，于是给他们做了一些蓝莓煎饼。孩子们吃得挺开心，但厨房被搞得乱七八糟，我又花了很长时间才把那里清理干净。打扫完厨房后，让孩子们准备上学（这个时候我还穿着瑜伽服呢）。

8：00　因为有15分钟的空档，我抓紧时间做了一个很简短的瑜伽动作，但效果不是很好，因为孩子们很吵，让我心烦意乱。我感觉这是在浪费时间，或许我应该做一些更有意义的事。

8：30　开车送孩子们去学校（此时我仍然穿着瑜伽服），把孩子们放下后直接去学校办公室做一些家委会的管理工作。本来最多只需20分钟，但又干了些别

> 的，办公室主任让我帮忙把一些箱子搬到大厅去组装（我不应该穿瑜伽服去学校，总给人一种我是个闲人的印象，但实际上我需要尽快回家处理工作订单）。
>
> 10：00 终于赶回家开始工作，但比原计划晚了一个小时。我感到压力山大，也为工作没能按计划推进而恼火。

"野心家"通常有以下特征：

- 总是想同时干很多事；
- 很难说"不"；
- 不想让任何人认为自己懒惰；
- 天性好胜；
- 每天给自己安排很多事；
- 时不时感到精疲力竭或身心崩溃；
- 为自己的忙碌而感到自豪；
- 有空闲时间时，不知道干什么；
- 极少让脑子放空；
- 满脑子都是需要做的事；
- 喜欢给自己列一张满满当当的清单！

## 时间整理术能为你做什么

事无巨细的记录是个让你大开眼界的过程，当你看到自己试图完成的庞大工作量时，可能会大吃一惊。如果你经常纳闷为什么别人能在周末赖个床，或者有闲暇坐下来读书，而你却像没头苍蝇似的忙得团团转，那么在你完成时间训练营的训练后就该一清二楚了。

我要诚实地告诉你，接下来你肯定得做出一些艰难抉择。有些工作你将不得不放弃，或者转手他人。你必须做得绝情，要学会像罗威纳犬那样凶猛地捍卫自己的时间。我希望你学会重视自己的健康和幸福，就像你重视他人对你的看法一样。不仅如此，你还必须挑战自己对成功的看法。时间整理术会让你知道，并不是所有奖励都以升职加薪或其他可量化成就的形式出现。你要开始为自己争取赖床、沐浴和看书的时间。简而言之，时间整理术会让你重获自由。

## "空想家"

"空想家"比较矛盾，和"野心家"一样，他们喜欢给自己列一张精心设计的待办事项清单，热爱制订计划和战略。但正因为在计划阶段投入了过多精力和热情，他们反而很少有时间真正去做计划好的事。如果他们对自己足够诚实，他们就会承认,完成这些事的有趣程度还不及做计划的一半。做事很无聊,梦想和计划才是他们的激情所在。

一个"空想家"是什么样子的呢?如果他是一个学生,那么在复习功课时,他会把大部分时间都花在设计完美的复习计划上,讲究色彩协调,力求尽善尽美,但实际上从没真正复习,因为做计划的过程已经把他搞得精疲力竭了。这些人最有可能在时间整理术实施的过程中成为逃兵,他们会兴致勃勃地计划把时间花在什么地方,但当不得不落实时就会一筹莫展。这确实是一个巨大挑战,但不要担心——有我做你的后盾呢!下面就让我们来看看,一个"空想家"的周一早上是怎样度过的,她的"时间训练营"笔记可能会是什么样子。

### "空想家"的早晨

雷切尔是一位新手妈妈。她在儿子出生后重新找回了自己,并对人生翻开的这个新篇章兴奋不已。她早早地就在脑海中为自己树立了完美的母亲形象,她读了很多书,制订了全盘计划,并勾勒出关于产假的梦想——全程充满幸福和快乐,每天对着孩子可爱的笑脸露出慈爱的微笑,实现她为"母亲"这个身份赋予的所有美好想象。

4：30　起床给孩子喂第一顿奶。我加入了一个新手妈妈团体，今天大家去公园聚会，我迫不及待地想见到她们。我一边喂奶一边给她们发短信，建议大家去野餐，这一天我们会过得很愉快。我决定烤一些蛋糕带着，夏日野餐太让我兴奋了！

5：30　把小家伙哄睡了，坐下来计划我要烤的东西。我想先去了解一下哪种蛋糕最好吃，结果一打岔就忘了看时间，不知不觉宝宝就睡醒了，又该喂奶了！

7：00　我还没打扮好，就已经喂了两顿奶了。开始给朋友发短信，问问她们要带什么去公园，给小家伙准备出门的东西。

8：30　匆匆洗了个澡。把小家伙放进摇篮里，我去穿衣服。我还没搞清楚新手妈妈要怎么穿才能显得光鲜亮丽，于是花了点时间（15分钟）刷ins，寻找穿衣心得，结果发现没什么用。因为我现在还穿不上牛仔裤，最终决定日常穿着——适合哺乳期的碎花上衣、运动鞋和宽松肥大的裤子。然后搜了一下减肥计划，简单看了看规则，心情断崖式下跌，我的结论是，这计划不适合我。我提醒自己，我还是个新手妈妈，想着也许可以参加新手妈妈训练营，于是查了一下本地有哪些课程。

9：30　我还没开始烘焙，这让我有点慌。我一边安抚小家伙，一边匆匆忙忙地拟定食谱。为什么其他妈妈一边哄孩子一边干活看上去那么轻松快乐？而我只觉得汗流浃背，烦不胜烦！这样一想让我顿生挫败感，真希望我能有时间优哉游哉地烘焙。

10：30　给朋友发短信说我要迟到了，因为出发前得再给小家伙喂一次奶。坐着给孩子喂奶的时候，我在脑子里计划今天的晚餐。想与丈夫重修旧好，想做些美味佳肴。然后开车前往聚会地点，脑子里还在计划今晚的菜单。

11：30　到达公园，发现朋友们都在。看到她们真心感到高兴，但同时也有点沮丧，因为这个早晨远没有想象中那样完美。小家伙哭了一路，一直没消停。后来开始下雨，我们只好去了咖啡店，蛋糕也没吃成（咖啡馆不允许外带食物）。离开时感到很泄气，也很疲惫。算了，晚饭还是懒得做了。

## 第2章　是时候改变了

"空想家"通常有以下特征：

- 对使用文具和制订日程表情有独钟；
- 会兴致勃勃地设计新计划或新项目，但总坚持不了几个星期；
- 工作中喜欢开战略性会议（从不抱怨那些关于会议的会议）；
- 喜欢从大处着眼，讨厌纠缠细节；
- 手头的项目很少有真正完成的；
- 事情偏离计划时很容易灰心丧气。

时间整理术能为你做什么

坚持执行时间整理术将帮助你实现一直以来的梦想。我相信你脑子里肯定有一些宏伟的计划，通过贯彻落实时间整理术，你就能朝着实现计划迈出重要的一步。

然而，如何落实计划是你的绊脚石，远大的抱负也会带来巨大的压力，让梦想还没起航就被扼杀在摇篮中。稍后我会告诉你如何把时间拆分成单元，一次完成一个时间单元的工作量，一步一步地完成目标，这种方式可以保证你不会被压力击溃。

## "败家子"

"败家子"是最好确定的类型，他们完全不知道自己的时间都花在哪儿了。一整天都过完了，他们还是一头雾水，不知道时间是如何被消磨没的，还诧异为什么自己连睡衣都没来得及换就已经到晚上七点了。

如果你是一个时间管理上的"败家子"，那么大多数事情你都无法按时完成，总体来说你在时间管理方面相当松散。在你眼里，手表只是装饰品，而非实用工具，而且很可能与正常时间相差一小时——不是快了就是慢了，因为你早就该校准时间却一直懒得弄。我们来看看，在"败家子"的"时间训练营"笔记上，一个上午可能会是什么样子。

---

### "败家子"的早晨

吉尔是一位职场妈妈，有两个上学的孩子（分别是六岁和八岁）。她的丈夫在附近城市有一份全日制工作，每天很早就要去上班，晚上回家吃饭。

在时间管理方面，吉尔是一个典型的"败家子"，每天早上闹钟响时，她都会按N次的"稍后提醒"。当她终于从枕头上抬起头时，如果要让每个人都收拾得体面整齐并准时出门，工作量就相当于翻越一座大山。这些家务让她筋疲力竭，并让她感觉自己在上班前就已经工作了一整天。

**6：55** 设定的闹钟是6：30，但直到6：55才真正起床。实在是困得睁不开眼，床太舒服了，让我完全不想起来！为了尽可能多享受一会儿羽绒被的松软温暖，我一直磨蹭到最后一刻，才不得不起床面对自己是成年人这一现实（我很享受这段时光——我唯一有机会思考眼前这一天的时光）。

**7：00–7：30** 冲了个澡，然后我一边叫孩子们起床，一边见缝插针地穿衣打扮。我真的没有足够时间化妆（这是我的目标之一——能同时涂上口红和睫毛膏去工作）。这让我觉得很不爽，还没到8点呢！一边照顾孩子一边打扮根本不行。

**7：30–8：15** 我给孩子们穿好衣服，带他们下楼吃早餐。与史蒂夫说再见（想到他可以消停地去上班，不用担心在餐桌上被打架的孩子扔麦片，心里就有点不满，但随后又为自己的不满心生内疚）。我在给孩子们找干净衬衫时遇到了麻烦，浪费了好几分钟。

> 然后，我打算上网订购一些衬衫备用，正好看到有促销活动，于是花 10 分钟浏览了打折商品。
>
> 8：15　出发送孩子们去学校，离开时家里有点乱，一想到晚上还得收拾撒了一桌的已经变得干巴的麦片，就感到头皮发麻。在学校门口与其他家长聊了几句。
>
> 8：45　开车去上班，结果堵车。都怪刚刚与其他家长聊得忘了时间，迟到了。忙到现在还没顾上吃早餐，原本打算从办公桌抽屉里拿一包麦片，但一到办公室就被叫去开会了。让我尴尬的是，肚子一直咕咕叫，直到上午 10 点才终于吃上点东西。

这样的"败家子"我们都见过，每次参加活动，朋友通知他们的开始时间都比实际早半小时，因为只有这样才能让他们准时到场。"败家子"和"野心家"是两个极端，前者通常有以下特征：

- 喜欢把所有事都拖到最后一分钟才去做；
- 项目经常拖到不能再拖才完成，这意味着结果永远达不到预期；

- 缺乏耐心，很难长时间集中精力做事；
- 经常迟到；
- 闹钟上的"稍后提醒"功能被频繁使用；
- 通常会严重低估做事所需的时间。

时间整理术能为你做什么

唉，"败家子"们，该怎么说你们才好呢？别担心，时间整理术不仅会改变你的生活，还会改变你周围人的生活。在执行时间整理术的过程中，你会搞清楚到底是什么阻止了你实现人生目标。我会帮你找出让你无法专注的原因，还会给你一个工具包，让你能够轻松实现更多目标，但又不会让你因全新的生活方式而感到陌生或不自在。

第 3 章

# 时间都去哪儿了

## 第 3 章　时间都去哪儿了

你已经完成了"时间训练营"这一步，应该对自己的时间到底花在哪里心里有数了，现在我们进行下一步。

时间整理术的美妙之处就在于，它毫不死板、能够灵活地融入每个人的生活。即使你是英超联赛的足球运动员，只要你愿意，也可以使用时间整理术。以下为你提供了一个大的框架，让你可以制订出符合自己的时间整理术计划。

在开始制订你的时间整理术计划前，让我们来谈谈那些正在吞噬你的宝贵时间的寻常小事（其中一些正在你的"时间水桶"上钻孔）。在本章中，我们将深入探讨那些导致我们滥用或浪费宝贵时间的常见原因，并思考可以采取哪些措施来平衡用于自我照顾、工作、家庭及其他重要领域的时间。

我们在本章先不讨论占用时间的具体任务（将在第 4 章讨

论）。本章关注的焦点是那些不仅毫无益处而且还可能会导致你偏离轨道的想法、感受和行为。

## 吞噬时间的陷阱

### 手机和社交媒体

  这是一个大问题，我相信大家都心知肚明，你刷手机的时间多得有些过分了。我知道，对很多人（包括我自己）来说，手机是将我们与工作、朋友和爱好联结在一起的重要桥梁。我们每天会从外界汲取大量信息，绝大部分都是通过手机获得的。我们经常用手机接收工作邮件或客户订单，还有很多人用手机加入了不少的工作群。我认为手机既有利，也有弊。我们生活在一个一天 24 小时被信息轰炸的时代，手机是信息的主要来源之一。到目前为止，在所有耗时大户中，手机和手机上下载的各种社交媒体应用程序属于最耗时的那类。它们几乎与我们形影不离，很多人甚至在睡觉时都把手机放在身边，尤其是它还兼当闹钟时。

  一旦拿起手机，几乎每一次，你刷手机的时间最后都会远超出预期。有多少次，你本来是想看看时间，却花了好几分钟查看新信息，等放下手机时才意识到根本没看时间。这是一种常见情形——至少我自己就有这个毛病。不妨这么说吧，以智能手机为代表的科技进步也会带来很多容易引发焦虑的因素。我们必须确保自己时刻与这个世界日新月异的变化同步，生怕自己会错过什么，这就是所谓的"社交控"（fear of missing out，FOMO），也被称为"错失恐惧症"。我们在第 2 章讨论了时间管理的不同类型，每种类型的人无一例外都会落入手机的陷阱："野心家"会通宵达旦地回复电子邮件；"空想家"会为每一个目标制订计划，下载所有他们认为需要的应用程序，并从社交媒体的反馈中获取灵感；"败家子"则会沉迷于刷手机，在该起身去学校时还在看视频。我们到底该怎么做才能既满足从手机获取信息的需求，又不会对我们的时间产生负面影响？

- 在你的手机上下载一个可以追踪你每天花在手机上的时间的应用程序（有的手机自带这个功能）。第一次看到最终统计数字时你可能会相当震惊——对我来说就是这样。我有很多工作需要在社交媒体上完成，所以我知道这个数字会很高，但它仍然远远高出我的预期。就在写下这段文字的时候，我正在我的手机上使用"屏幕时间"这个小程序。

- 如果你需要用手机接收工作邮件，就不太容易把工作时间和生活时间分割开来。比如，今天你在办公室工作了

10个小时，好不容易回到家，刚坐下准备吃晚饭，手机响了。如果不打开看看新收到的电子邮件内容，你可能很难安下心来吃饭，担心错过紧急事件的念头会一直在你脑中萦绕。在这种情况下，你可以试着在每天特定时段将手机调到"勿扰"模式。告诉同事、家人和朋友，如果有急事就给你打电话，不要发电子邮件。我还建议你养成一个习惯，将电子邮件设置成"定时发送"，即只在工作时间发送。这样一来，即使你确实需要晚上加班赶进度，也不会影响同事休息。你还可以建议同事也这样做，这将大大减少工作时间以外的电话，对实行弹性工作制的人来说绝对是福音。

- 只在规定时间段查看手机。我们往往会习惯性地拿起手机查看，完全没注意到这一动作有多频繁。要让自己摆脱这个习惯，说起来容易，做起来却很难。有一个很好的方法，大家可以尝试一下，就是向自己承诺，只在规定时间段查看手机。可以是每隔15分钟查看一次，也可以每隔半小时或者一小时。这样做的好处是，当你终于可以查看手机时，你会更认真、目的性更强。

- 给手机设置几个不同界面。我已经执行了好长一段时间，可以负责任地说，这个方法非常有效。我在手机上设置了三个主界面，用于不同领域——工作、日常生活管理、生活方式与健康。将与这些领域相关的应用程序归档在相关界面的文件夹中，这意味着我在手机上划出了一个"生活区"，阻止我在休息时间（如周末）查看工作应用。工作应用程序被归档于与工作相关的文件夹，不会放在让我一眼就能看到的地方，并且不会与其他应用程序混在一起。这意味着我只能在需要的时候特意打开工作文件夹——它们不会在手机主界面上对我虎视眈眈。

- 关掉所有通知推送，除了必要内容。这一点是不言而喻的，你的手机少一些提示，你因手机而分心的情况也就自然会少一些。

## 拖延症

"拖延症"的定义是延迟或推迟行动，推迟做某事。

你有拖延症倾向吗？我想所有人都或多或少有一点，而时间管理方面的"败家子"们是其中的佼佼者。在我们努力想把事情做好时，"拖延"确实是最难克服的障碍之一，我们很容易就把单调的碎纸任务或尴尬的电话推到待办事项清单的最后一行。然而，在内心深处我们也都知道，最好尽快做完。不仅是为了把它们从待办事项中清除，不用占据我们的大脑空间，还可以使我们不再需要考虑如何做这件事（尤其是会给我们带来压力或焦虑的事）。放下完全不想做的事，能让我们如释重负，整个脑子都清晰了,身心也轻盈自由了,这是我们非常需要的感受。我给你分享一个很棒的方法,可以让"拖延症"这个小妖精没法出来给你捣乱,那就是每天把工作中最糟糕的部分列为早上起来要完成的第一件事。如果一早就把可怕的事做完,那么从心理学角度来看,就意味着你一天中最糟糕的部分已经结束了。

**拖后腿与想太多**

我是个容易忧虑的人,甚至会因无事可忧虑而忧虑!我知道这也是困扰着很多人的问题。你是不是为他人的行为或别人对你的看法而担心?其实,有一些小事,比如因同事得到的机会似乎比自己多而耿耿于怀、花很多时间刷 ins、羡慕健身达人的身材等,这不仅会浪费大量时间(也挫伤自尊),还会阻碍你朝着自己的目标前进。我们(尤其是"野心家")必须小心避开这些陷阱,不要把大量时间花在了解、思考或谈论他人上,应该把更多的时间放在思考与自己以及自己的生活息息相关的事物上。

社交媒体、八卦论坛和八卦杂志是引诱我们的常见方式,一旦陷入,社交媒体往往就会从一种健康的激励形式变得不太健康。假设你关注一位健身达人,你从他发的内容中得到灵感,开始了自己的健身之旅，但你很快就会发现，你会一直与对方比较，花过多的宝贵时间观察对方的生活，却没有过属于自己的生活。如果你觉得对某件事的兴趣超出了合理水平，使你无法停止这种不健康的关注，无法去过自己的生活，那就需要好好反思一下了。社交媒体会让人上瘾，会对心理健康产生负面影响。如有必要，请与专业人士交谈并寻求帮助。

除了手机对我们的持续轰炸，还有来自四面八方的压力：想在圣诞节当天做一个完美女主人、想为孩子们策划完美的生日派对、想时刻知道你的同事在干什么……如此种种，其实都是我们在拖自己的后腿，而这一切不仅毫无必要，还会令人疲惫。

## 一天只有 24 小时

你的一天只有 24 个小时（或固定时间单元），拒绝接受这一事实是很多人面临的一大障碍。我们生活在一个快节奏的世界，不断有各种想法、观点和建议对我们狂轰滥炸，告诉我们应该如何生活。只需快速翻阅一本杂志或看一眼手机，就会让你晕头转向，各种信息和建议像潮水一样涌来，从如何制作绿色冰沙和巴西莓果盘，到如何成为"职场辣妈"和"本周红人"。我们中有很多人（尤其是"野心家"）会在此落入陷阱，不断有"应该这样做""应该那样做"的说教与指点铺天盖地袭来，让我们变得像突然被车头灯的强光笼罩的兔子一样不知所措。

### 坚持做自己

接下来，我来举个很多人都很熟悉的例子。假设在学校的操场上，有四个来接孩子放学的妈妈，她们凑在一起简单聊了几句。为了让大家更明白我的意思，给她们每个人都起个名字，就叫瑞秋、莫妮卡、菲比和珍妮丝（你看出来了吧，这是《老友记》里的角色）吧。请容忍我的恶趣味，很快你就会明白我为什么要这样做。现在请看看这四位妈妈都是谁，有哪些优点。

**案例**

　　瑞秋很时尚，看起来总是那么光鲜亮丽，衣着打扮全是最新款式。你绝对不会在学校看到她妆容不够精致、头发不够妥帖或打扮不够完美的样子——永远不会。

＊＊＊

　　莫妮卡是家委会的负责人，她的组织才能无可挑别。她是个什么样的人呢？举个例子，如果有家长拿不准当天需不需要给孩子穿制服，或者担心自己错过了学校的邮件，就会在早上八点慌慌忙忙地给莫妮卡打电话。她从不迟到，你可以完全相信，从她那里永远都可以得到最准确的信息。

\* \* \*

菲比是一位瑜伽教练，看上去永远白里透红、光彩照人，她把自己的好气色归功于对绿色蔬菜的偏爱。她总是那么放松，那么平静，从不对孩子发脾气（即使他们迟到了）。

\* \* \*

珍妮丝是孩子所在班级的家长代表，擅长交际。她喜欢和人打交道，是第一个自告奋勇邀请大家去她家的人。她是烘焙高手，在每年夏季庆典上，蛋糕摊上那些令人惊叹的蛋糕都是她的杰作。她做的巧克力软糖蛋糕可以说是全世界最好吃的。

这四个"老友"各有特色，这也正是她们的魅力所在。

从上述例子中可以看到，每个女人都有各自的长处以及我们熟悉的特点，而我们也正是凭这些来区分她们的。你有没有看到瑞秋希望自己更有组织才能？有没有看到菲比担心她的衣服过季了？当然没有。如果瑞秋把时间都用在向莫妮卡学习上，她就永远没有机会去追求时尚事业了。

然而，为什么现实生活中，当我们在操场上溜达时，看到瑜伽教练穿着最新款运动衣体态轻盈的样子，就会突然有种冲动想下单买一块瑜伽垫呢？关键词是"社会影响"。社会影响一直很重要，自从社交媒体兴起后，它变得愈发重要。我们的社交网络上突然多了很多人，我们也会下意识地与他们进行比较。这种比较不仅会吞噬我们的时间，还会占用我们的大脑空间。因此，为了防止我们"想太多"，我们要停止这种无谓的比较，努力发挥自己的长处，不要太在意别人做什么。我有一个好朋友，每次谈到"人比人，气死人"这个话题时，她都比我聪明多了，她总是说"目不斜视，专注自家"。如果你不东张西望，只埋头苦干，就能更快地实现自己的目标。当其他人像无头苍蝇一样到处乱撞，试图让自己在各个方面都出类拔萃时，你要做的是**专注脚下的路，去你真正想去的地方。**

简而言之，就是坚持做自己！

如果想面面俱到，最后肯定是"多则惑"，晕头转向地不知道究竟该把时间用在哪儿。我们需要专注，我认为最好的做法是在自己擅长的领域成为大师，无论是育儿、烹饪、从事的职业,还是去参加马拉松比赛。我相信大部分人都会同意这个观点。你并不是超人(或超级巨星),这就意味着无论你如何努力奋斗、艰苦磨炼,都永远无法做到样样出色,最终只会在辛苦追逐中慢慢崩溃,直至斗志全无、心灰意冷。因此,你最好在自己的地盘上指点江山,其他就随缘吧,这样你会更快乐,头脑会更清醒。

> 黄金法则:我们能干好自己想干的事,但不能干好世上所有的事,原因很简单,因为一天只有24小时,我们没那么多时间。

如果你总是欲望过多,用力过猛,就意味着你错过了当下;相反,如果你关注当下,就可以看到一路上美丽的风景。因此,你应该享受当下。

找出那些将你的时间一点点吞噬殆尽的陷阱,可以帮你明确哪些目标是可以实现的,从而在态度上更脚踏实地。我并不是让你放弃希望和梦想,也不是让你把雄心壮志扔到窗外,如果我持这种态度,就不会实现写第二本书的梦想了。

我想告诉你的是,你应该找出阻碍你实现目标的原因,无论这个目标是每周日赖个床,还是成为你所在团队的销售冠军。

执行时间整理术将帮你找到你需要的时间，最终使你的目标成为现实。但它能做的远不止于此，它还会向你提供一个现实的框架，让你知道如何做到这些。

第 4 章

# 夺回你的时间

## 第 4 章 夺回你的时间

如果你读过我的第一本书，你就该知道，我是一个喜欢大扫除的人。把杂物一扫而空的感觉真是太痛快了，不仅可以清理出更多空间，用来放置更重要的东西，还会让人神清气爽。

还有一件事和清理杂物一样让人神清气爽，甚至有过之而无不及，你知道是什么吗？**清理时间！**

接下来的内容会越来越有意思。我们在第 3 章中探讨了一些常见但毫无意义的想法、感受和行为，它们一点点地吞噬了我们的宝贵时间。在本章中，我们把关注焦点放在具体工作和事务上——要么是完全没必要做，要么是占用的时间超出必要额度。

当你考虑如何使用手里辛苦挣来的钱时，肯定会好好算算哪些该花、哪些不该花，用在哪里多一些、哪里少一些，尽量避免浪费。现在，你可以用对待金钱的方式来对待自己的时间，给那些需要完成的事项排一下优先顺序。这会让你在时间安排上花费更多心思，明白哪些事是最重要的，哪些可以从待办事项清单中删除。

一些优先级别高的事（比如房租、贷款、家庭开支账单等）需要你在发薪当天就想到。在时间的安排上同样如此。如果还没把购买食物的那笔钱预留出来，那么你肯定不会先去预订周末豪华旅行。同样，如果两小时前就该出发去上班，那么你肯定也不会在床上赖一上午（反正我希望你别这么干）。

金钱和时间非常相似，以同样敬畏之心对待它们会对你有好处。不过，二者也存在根本区别：与金钱不同的是，你永远无法获得更多时间。不管你多努力、多辛苦，每天属于你的时间预算永远都是一样多的。当我们想到这一点时，脑子就会立刻变得清醒，这也是我们这个社会最大的公平——时间才不会在乎你有什么社会地位、在银行有多少存款、今年度了多少假，或者你在ins上有多少粉丝呢！你不能把时间存起来以备不时之需，也不能把它存入银行或通过商业交易使它倍增。你要么使用它，要么失去它。

每个人拥有的时间都是一样的，你与他人的不同之处就在于花费这些时间的方式。这就意味着你要学得精明一些，要掌握一些技巧，确保你的时间得到更好的利用。也就是说，你要保证自己以一种让自己健康、快乐和满足的方式过日子，不要让自己感觉是在一台单调的跑步机上永不停歇、疲于奔跑，直到生命的尽头。如果没有明确意识到这一点，你就会承担那些并不想做的事（或不属于优先项的事）。你会浪费自己的时间，会满腹怨言，会觉得自己手忙脚乱地干了那么多事却依然一无所获。

如果你知道结束漫长的一天后，只有一个小时可以供你放松（除养育孩子、工作和睡觉等必要工作之外），你就会真真切切地意识到，你不能再在家委会承担额外工作或自告奋勇担任班级家长代表了，因为会占用你留给自己的那点可怜的时间（注意了，"野心家"们，我说的就是你）。这听起来可能有些自私或无情，但这的确是无法改变的事实。

我们还是可以用对待金钱的方式来对待时间。如果你兜里只剩下最后 20 英镑，你需要用这笔钱为家人购置本周食物，这时你看到自己最喜欢的那款靴子有棕色的了，我敢打赌，在这种情况下，你肯定会优先考虑自己和家人的吃饭问题，而不是再为自己添置一双靴子。当涉及如何花费时间时，你所做的考量也应如此。每件事到底需要多少时间，你应该有一个合理的估计。比如说，如果你严重低估自己刷 ins 的时间，就像对刷了多少信用卡不闻不问一样，会让你陷入捉襟见肘的困境，你唯一欺骗的人就是你自己（说你呢，"败家子"）。你的时间就这样被耗光了，所以你必须诚实地告诉自己，时间到底花在哪儿了。

这就是为什么在时间训练营的训练步骤中，最关键的就是对自己诚实，因为如果不这样，你就会一直搞不清状况。这也是为什么我如此坚持让你完成时间训练营的训练，千万不要嫌麻烦而半途而废（"空想家"，希望你能听我一句肺腑之言）。

现在你已经完成了时间训练营的训练，也知道自己的时间花在哪儿了，那么，大刀阔斧地进行改革，给自己的时间做一次彻底的"大扫除"吧！

## 哪些事情应被清除

在你要做的所有时间整理术练习中，时间清理这个步骤是最能让你感到放飞自我的。更妙的是，你还可以一次又一次地重复这个步骤。你的"大扫除"会变得越来越高效，越来越果断，因为你越来越老练，能够一眼就看到那些不值得花时间的事，通过剔除它们为自己节省更多的时间，用于更重要的事。

我希望你能重新审视时间训练营的训练成果，认真看一下笔记。现在，把你的笔记精简一下，浓缩成简洁明了的清单，简要说明你的一天通常是怎么度过的，并在每项事务旁边写下所花费的时间，例如：

每天下班或送孩子上学后去商店购物＝每天的 2 个时间单元。

通过这张由时间训练营笔记精简而来的清单，你可以清楚地看到自己的时间花在哪儿了。这样一来，你就没办法回避现实，因为白纸黑字在那儿摆着呢，你可以一览无遗地看到哪些是可以改变的。对于上述例子，也许你可以改成每周在网上大采买一次（甚至可以每月采购一次，只要你家够大），这样就可以在每天节省 2 个时间单元，就是每周 14 个时间单元，一年 728 个时间单元，这相当于每年节省 364 个小时。换句话说，你每年有 15 天浪费在"去商店"这件事上，这可太多了！

现在，你大致明白了吧？想一想，如果可以重新利用这些时间单元，将它们分配到更有成效的地方，那么你可以用这些时间来做什么呢？当我说"更有成效"时，并不是让你每天给自己安排更多的工作。你可以做一些轻松愉快的事，比如带孩子去公园玩，或者把这两个多出来的时间单元用于在桑拿房里放松。

可是，如果你无法决定哪些该保留，哪些该放弃，那该怎么办呢？当你坐着发呆，不知道该如何把需要 28 小时才能完成的事塞进 24 小时里时，该怎么办呢？如果你不知道该将哪些事剔除，那就对着清单逐一检查吧，每看到一项就问自己一个问题——如果不做会发生什么。

这个问题看似简单，却极具杀伤力，它不仅能帮你把心思都放在这上面，还能帮你分清事务的轻重缓急。接下来，我将举一个现实生活中的例子，看看如何将时间清理付诸行动。

### 案例

单亲妈妈杰姆是一名自由工作者。她觉得自己身上的担子太重了，要做的事情太多了，压力与担忧让她夜不能寐。杰姆决定尝试使用时间整理术，在完成时间训练营的训练后，她发现自己确实是在试图完成过多的事（她确定自己是一名"野心家"）。问题是，她不知道该把哪些事剔除。一想到自己会让别人失望，她就深感内疚。如果她能对自己残忍地说实话，她就会知道，这种内疚正是她继续承担过多工作的原因。她担心，如果她看起来不像个超级妈妈，人们就会对她产生负面看法，或者认为她很懒惰。

杰姆的清单大致是这样的：

- 照顾年迈的母亲（每天送完孩子顺路去母亲家）；
- 照管生意（她的生意刚刚起步，诸如报税、运营网站等事情她都要事事亲力亲为、边做边学）；
- 每周去学校帮忙一次，听孩子们读书；

- 承担所有家务；
- 负责给全家做饭（还要每天给儿子带便当）；
- 每天遛狗；
- 每周六上午为自己家和母亲采购一周所需食物，要带着母亲一起去，这样母亲就可以自行选择想要的东西；
- 每周带儿子参加足球训练和比赛。

以上就是杰姆当前面临的问题——她正殚精竭虑地试图做到事事妥帖（很勉强），但每天直到上床的那一刻，她都几乎没有任何属于自己的时间。她感到自己在心理和生理上都处于紧绷状态，还很担心自己的健康，尤其是在她觉得表现不如人意、做事力不从心的日子里，或是因照顾生病的孩子而感到心力交瘁时。

在将时间训练营的笔记汇总精简后，杰姆有了一张完整的清单（见表4-1），这让她恍然大悟为什么最近自己过得那么难受了。现在，她可以问自己那个尖锐的问题了："如果我不干这件事会怎样？"

# The Organised Time Technique
偷个懒也没关系：让妈妈不焦虑的时间整理术

表 4–1　　　　　　　　杰姆的清单

| 具体任务 | 不做的后果 |
| --- | --- |
| 照顾年迈的母亲（每天送完孩子顺道去母亲家） | 母亲会感到孤单 |
| 照管生意（她的生意刚刚起步，诸如报税、运营网站等事情她都要事事亲力亲为、边做边学） | 生意是经济来源，如果不做，全家就会衣食无着、流离失所 |
| 每周去学校帮忙一次，听孩子们读书 | 她可以去和校方谈谈并随时退出。最坏的结果无非是给学校带来些许不便，她会感到一些愧疚 |
| 承担所有家务 | 屋子会乱成一团 |
| 负责给全家做饭（还要每天给儿子带便当） | 儿子要吃饭，她也得吃饭 |
| 每天遛狗 | 狗会闷得把家都拆了 |
| 每周六上午为自己家和母亲采购一周所需的食物，要带着母亲一起去，这样母亲就可以自行选择想要的东西 | 大家都没东西吃了 |
| 每周带儿子参加足球训练和比赛 | 让热爱足球的他无法踢球了 |

　　杰姆通过这个列表意识到，她完全可以不去学校帮忙，而且几乎不会有任何不良后果。虽然她在短期内可能会感到内疚，但她应该把自己放在第一位，并将去学校帮忙这一项从清单中剔除——至少在她有更多时间前先不要做，也许等将来她的生意运行得更顺利时，可以再回学校帮忙。

　　那么其他的呢？为了减轻自己的负担，杰姆还能做些什么？详见表 4-2。

表 4-2　　　　　　　　杰姆的其他方法

| 具体任务 | 其他方法 |
| --- | --- |
| 负责给全家做饭（还要每天给儿子带便当） | 可以用电炖锅多做一些饭吗？一次做两顿饭，多出的可以放进冰箱当作自制方便食品<br>能负担得起学校午餐吗（这样就不用每天给儿子带便当了） |
| 每天遛狗 | 可以让儿子放学后去遛狗吗？或者可以雇人遛狗吗 |
| 每周六上午为自己家和母亲采购一周所需的食物，要带着母亲一起去，这样母亲就可以自行选择想要的东西 | 可以为母亲在网上下单并配送至她家吗？在为她下单几次后，购物网站会为她形成优选清单，能进一步提高采购的效率，而且她自己也可以在为母亲选购的同时完成她自己的采购 |
| 每周带儿子参加足球训练和比赛 | 可以和同队的家长拼车吗？这样家长们就可以轮流接送所有孩子 |

让我们继续深挖。

杰姆把孩子送到学校后，要在回家途中看望母亲，然后立刻开始忙活生意。在接孩子放学前，她还要遛狗，并按照妈妈管理术的安排做 30 分钟家务。午饭她都是在办公桌前吃的，想趁儿子们不在家时多挤出一些时间工作。

她的生意做得风生水起，收入颇丰，明年还会更好，但她依然感到沮丧，因为希望业务能发展得更快一些。目前她的大部分时间都花在了一些具体业务上，比如按照订单打包发货、与客户打交道等。她希望能把更多时间放在市场和销售上，这样就可以扩大业务，赚到更多钱。

让我们再来看看她的时间单元。

上午杰姆送完孩子后，九点半才能到家，下午三点又要去接孩子放学，这意味着她一天有五个半小时（11 个时间单元）来处理生意。在后面的章节中，我将展示如何进一步把一天的时间切分成一系列小时间单元，并按需分配给不同的任务，从而让你的工作效率更高。不过现在要讨论的是，要如何为杰姆争取更多时间从事营销工作。

她有 11 个单元的时间可用于工作，但现在她把其中 2 个用来做家务了（遛狗、完成 30 分钟的妈妈管理术），这就用掉了 1 个小时，这些时间本应用于发展业务——如果每天能花一个小时做营销工作，她的业务肯定能突飞猛进。这就意味着她要对自己的一些决定进行斟酌。她想到了以下解决办法。

- 把遛狗挪到儿子下午放学后，或是把遛狗与带儿子去公园合并在一起。

- 可以聘请虚拟助理（VA）处理更多运营任务，从而腾出更多时间用于营销工作。如果通过额外营销带来的收入超过了 VA 的成本，就很划算了。
- 雇一名钟点工，这样每天就可以多腾出 30 分钟用于营销工作。同样，只有额外营销带来的收入超过雇钟点工的成本时才行得通。

哇！等一下。这是什么意思？我居然鼓励雇人干清洁工作？

少安毋躁。我知道，我都知道！这听起来确实有点不可思议，毕竟我的第一本书通篇都在讲清洁！

然而，正如我们从上面的例子中看到的，杰姆成功地利用妈妈管理术将清洁工作压缩为每天 30 分钟，这使她能腾出足够的时间，把生意做得风生水起的，现在已经收益颇丰。事实上，她的收入很高，如果重新进行财务分配，她完全负担得起雇钟点工的费用。对她来说，腾出时间让自己赚更多的钱是很有商业意义的。那么，为什么她还没这样做呢？一言以蔽之，因为这个想法让她感到内疚不安。这也是很多有能力雇钟点工的女性不这样做的一个重要原因，她们觉得自己应该亲力亲为，而且人们会认为雇人干家务是懒惰和放纵的表现。但是现在，杰姆应该好好读一下本书第 9 章，然后雇一名钟点工，为自己夺回一些时间，否则她的困境还会持续存在。要知道，雇钟点工是一项投资，而且回报是双倍的，因为这不仅可以让杰姆夺回更多时间，还可以让她用这些时间做营销工作，这将为她带来更多收入。

妈妈管理术是个了不起的工具，可以帮你释放更多时间，阻止家务占用你一天的大部分时间。人们正以不同方式使用新释放的时间，有人开始重新学习，有人有了新的爱好，有人开始自己的事业。现在，你可以利用时间整理术来让自己的人生更上一层楼。

能让人生更上一层楼绝对是一件值得骄傲的事。因此，对杰姆来说，既然通过时间整理术赚到了钱，那么雇一名钟点工甚至虚拟助理就是水到渠成的事，可以给她腾出更多时间（和头脑空间）来赚更多钱！你看，这就是我在妈妈管理术的帮助下最终获得的成果。我一开始创建它是出于自身需要，在第一个孩子出生后，我有了洁癖，出现了焦虑紧张的症状。我近乎疯狂地做家务、搞清洁，每天都把大把的时间花在这上面，因为我那时坚信，如果房子不是一直处于洁净无瑕的状态，就意味着我不是一个好妈妈。幸运的是，我很快意识到自己的行为并不健康，必须加以改变，于是创建了妈妈管理术，并在此基础上形成了时间整理术。一开始，它的贡献是让我终于有时间和宝宝待在一起，一年又一年过去了，随着孩子慢慢成长，我逐渐能利用这些时间创业。我的第一个成就是向客户提供产前服务，现在，时间整理术又帮助我创建了一个非常成功的博客，开始了我的社交媒体事业，并开发了一个畅销应用程序，还完成了我的第一本书——而且是《星期日泰晤士报》(The Sunday Times)的畅销书。时间整理术除了帮我取得上述成就，现在还帮我找到时间来完成这第二本书。

## 设定边界，勇敢说"不"

> 所谓专注，就是懂得说"不"。
>
> 史蒂夫·乔布斯

敲黑板，"野心家"，这部分你一定要好好看！要小心翼翼地捍卫自己的时间，就意味着必须对那些你以前可能点头的事说"不"。这不是一件容易的事，你可能会认为，这样做会让别人失望。有很长一段时间，如何说"不"也一直困扰着我，事实上，我认为自己在这件事上永远都做不到泰然自若。这么多年来，我一直都在尽力避免与他人产生冲突。我总是过于担心别人对我的看法，也就是说，我会把它放在我自己的需求之前。我会在明知自己时间紧迫的情况下仍然对很多事点头，同意承担一些额外的工作。因为担心横生事端或被人认为懒惰，我采取了貌似阻力最小的办法，就是埋头苦干。

多年来，我把说"不"或告诉别人"我没时间"视为软弱的表现，因为我认为这意味着我没能合理管理时间。我认为如果没做到有求必应，就意味着我在某种程度上是个失败者。可结果呢？我对所有事都说"好的"，苦哈哈地咬牙承担起更多责任，最后搞得自己百病缠身、身心崩溃，只能借酒浇愁，向朋友哭诉自己是如何被榨干的。发泄完之后，又会勉强打起精神（这就是我们被教导的方式），重新振作起来，强迫自己负担起更多事。这样做很不健康，而且从长远来看也没有用，最终你会像两头燃烧的蜡烛一样被耗得心力交瘁，你的身体会迫使你休息，因为它已经无法正常运作了。到了那个时候，你就什么都干不了了。

现在我正在不断努力说"不"，并严格限制自己承担的事务数量，这是我需要完成的功课，尽管做起来还远远达不到从容自如的地步。我的大学以追求高成就为目标，学生都以身为"大忙人"为荣，因为越忙就意味着越有可能成功，课外活动参加得越多就越好！直到成年后经营自己的生意时，我才意识到，原来一个人被自己肩上的担子压垮是多么容易的事——你要负责的事实在是太多了，尤其是当你为人母为人妻，既要照顾孩子又要维系夫妻感情时。

我希望你能这样想：**每做一件额外的、不必要的事，就被剥夺了一些做其他事的时间。**比如，当你同意在夏日庆典上为学校的糕点摊烤一个蛋糕时,就是同意把自己的时间花在这上面。如果你的时间已经很紧张了,就只能从其他地方挪用。记住,你不可能像变戏法一样,从帽子里抽出一段额外时间。

如果你已经安排了时间烘焙(因为你喜欢),那当然皆大欢喜;相反,如果你没有,并且原本打算晚上和爱人一起喝杯小酒,吃顿佳肴,看场电影,你就会面临以下三个选择。

- 不烤蛋糕,让学校里的人失望。
- 烤蛋糕,让你的爱人失望。
- 和爱人亲热,然后去买个该死的蛋糕。没人会知道,甚至没人会在意。为了让蛋糕看起来更像是你亲自烤的,去前你还得故意磕碰几下,并随意撒上一些糖霜。

如果真的有人跑来说"这个蛋糕看起来就像你在来学校的路上顺手买的",那么你只需友好地微笑着回答:"的确如此。我昨晚光顾着和爱人亲热,实在没时间烤蛋糕,所以只能买了一个,这是我能想到的最好的补救办法了。"

你现在明白了吧?如果一开始就说"不"(以一种非常礼貌但非常坚定的方式),情况会好得多。这样就可以避免这一切的发生(也许还可以避免一些让你脸红的情况)。然而,就因为你说不出那个"不"字,才总会让你很容易在慌乱中胡乱答应。

好消息是,"不"这个字本身就足以构成一个完整的句子。不过,如果你想用更礼貌的拒绝方式来捍卫自己的时间,那么最好准备一些现成的话,以备不时之需。请把下面这些句子放进你的"弹药库"中:

- 谢谢你的邀请,但我现在真的没时间做其他事;
- 我也很想去,但日程安排实在太满了;
- 真的很抱歉,但现在我确实帮不上忙,安排不了。

还有,如果你确实慌得不敢直接拒绝,就用下面这个老掉牙的方式好了:"我得先看看我的日程表,然后再给你答复。"这可以给你喘息的时间,等你回家后再想出坚定而有礼貌的方式来拒绝。比如,用短信或电子邮件来表达。

如果到现在为止,每当面对别人的要求时,你都是不管三七二十一地频频点头、有求必应,那么你在最初几次拒绝中可能会承受一些不解的目光。这时一定要保持微笑,坚持自己的立场。你要不断地提醒自己:每当你承担一项额外任务时,都会占用一些属于其他事的时间。这样,你就不会模糊重点。如果你不能一边享受向往已久的泡泡浴,一边收听自己最喜欢的播客,你会是什么感受?想到这点,你可能会更容易说出拒绝的话:"不,桑德拉,我没法亲手缝制夏季庆典的彩旗了!"

## 如何在工作中说"不"

我知道有些人会这样说:"杰玛,你说的这些都没错,但我怎么能跟老板说我没时间做他吩咐的事呢?我做不到。"我明白,在某些情况下,直接强硬地说"我没时间"是行不通的。我也明白,在工作中说"不"更不容易,毕竟老板花钱买了你的时间。但是,按照合同规定,你休完产假回来复工后每周只需工作四天,而你在这四天里要完成五天的工作量,你就不得不来得比别人早,走得比别人晚,忙到连吃午饭的时间都要用来赶工。为了不耽误回邮件,你甚至得在晚上和周末把一些工作带回家……遇到这种情况,你该怎么办?

当你说自己的时间不够时,如果你的老板好心地送你去参加时间管理课程,而不是关注你的工作量,那你就需要用更好的方式向他证明,你无法完成任务并不是因为缺乏技能或纯属懒惰,而是因为他在有限的时间内给你安排了太多工作。

有一个非常巧妙的方法,不仅可以让你的工作量保持在合理范围内,还可以让老板知道,你无法按照他要求的进度和节奏继续工作。你只需这样问:"我不能同时做 X 和 Y,你希望我先做哪个?"

# 第5章

# 减轻你的负担

## 第 5 章 减轻你的负担

如何才能让伴侣分担责任呢？这是很多人都会面对的难题。如果你发现自己也是其中一员，那么本章就是为你准备的。当然，如果你没有伴侣，或者你的伴侣已经承担了自己的责任，就请你跳过这一章，我们下章再见。

想知道我为什么要做现在正在做的这些事吗？想知道为什么当初我要探讨如何将时间切分成不同单元，以便有更多的时间做其他事吗？想知道为什么我在第一年博客带来的月收入不超过 100 英镑的情况下仍愿意把写博客当成一份全职工作来做吗？好吧，让我来告诉你。我发自内心地认为，人生中有很多东西比成年生活中的日常杂务更重要。我同样坚定地认为，女性不应该把大部分时间都用来照顾家庭，不应该仅仅因为我们是女人就要承担管理家庭的全部重任。

多年来，我一直通过我的播客（名叫"生活大清洗"，由我和我亲爱的朋友兼经纪人奇皮共同主持）、YouTube 频道、博客及其他社交媒体大力宣传这点（面向所有愿意倾听的人）。如果你读过我的第一本书，你就会知道，这是我最想传递的信息，向来如此，永远如此。在我看来，让尽可能多的人接收到这一信息就是我的人生使命。

我知道人们很容易陷入一个误区，即认为凡事亲力亲为会更快、更容易，但这样你会（有意或无意）成为一名殉道者，为了让家人活得轻松惬意而牺牲自己的时间（和生活），这对你来说是一种巨大伤害。

在第 4 章，你对自己的时间进行了清理，仔细审视了每天和每周的例行事务，明确了哪些工作可以取消，哪些工作可以委托他人，哪些工作可以完成得更有效率。这是伟大的第一步，但是，如果你发现绝大多数家务都落在了你身上，仅仅清理时间是不够的，那你就还得让伴侣加入进来。同样，如果你发现自己因为天生追求完美或者为了活得不比别人差而背负了太多，就需要找到一种方法让自己休息一下。本章要做的就是帮你通过一些关键步骤来夺回宝贵的时间。

如果你发现自己承担了太多家务，远远超出了你应该承担的，就必须与你的另一半一起解决这个问题，要求他分担，把你失去的时间夺回来。对于这个问题，你们可能已经讨论（甚至争吵）过不止一次（常言道"大多数夫妻都会因为钱和家务吵架"），但如果你的另一半依然我行我素，那么现在就要做出改变。

别忘了你买这本书的初衷——为了更好地管理时间，摆脱起床、工作、做家务、睡觉、起床、工作、做家务……这无休无止的"仓鼠轮"。然而，如果没有伴侣的合作，你是无法做到的。执行时间整理术计划会让你从中获益，可以让你们一起毫无心理负担地享受休闲放松的时光。下面就让我们来看看，为了让你那位不太情愿分担家务的伴侣让步，不让你自己成为家务的殉道者，你可以做些什么。

## 别再牺牲自己

**不要再当殉道者了！** 但是，如果对方不愿意分担该怎么办？这是一个复杂棘手却绕不过去的问题，要是解决不了，就会给所有正在为分担家务而抗争的人带来巨大困扰。所以，我们要真刀真枪地大干一场了！

在正式开始前，有一点我要说清楚：我并不是要喋喋不休地控诉男人的懒惰。事实上，也有女性充当甩手掌柜，让男性觉得自己辛辛苦苦干了那么多家务却被对方视为理所当然。现实生活中这样的例子不少，我可以随口就举出好几个。在两个人的关系中，如果你觉得自己的努力没有得到理解和感激，并且承担了远远超出你应该承担的责任，你就会觉得辛苦且心力交瘁。尤其是当你已经向另一半多次诉说委屈，对方却丝毫不为所动时，会更加让人心灰意冷。不满开始渗透到关系的方方面面，比如性生活（重要提示：当发现自己忙忙碌碌洗洗涮涮时另一半却熟视无睹，女性通常都很难再产生性趣，因为她们感受不到丝毫性感或浪漫）。

当你梦想着与所爱的人今生今世一双人三餐四季时，我敢打赌，你们做梦都没有想到，有一天你们会为了周日晚餐后谁来洗盘子而发生争执！然而，这就是真实的生活，我们有什么办法呢？这么说吧，经过多年与有类似问题的女性交谈（不仅有"妈妈管理术"社群的成员，还有现实生活中的朋友），我得出的结论是，这一切都归结于简单的一点——**尊重**。

如果你已经和另一半谈过了，并冷静地说出对方不尽自己职责时你的感受——你觉得自己没得到应有的尊重，感觉受到了轻视，而且说实话，你觉得自己没感受到对方的爱。如果你这样说过后对方依然置若罔闻，这个问题就很难解决了。抱歉，我知道这可能不是你想听到的，尽管我很想挥动魔杖，让所有家庭都实现分工平等，但遗憾的是，我没有这个本事。说得再清楚一点，我并不是让大家因为另一半不扫地就一拍两散。我的建议是，你应该冷静地坐下来好好算笔账，看看你到底比对方多做了多少，计算一下你们各自有多少空闲时间。当你在吭哧吭哧洗衣服的时候，对方是否在优哉游哉地找乐子。

这是另一个你要对自己诚实的时候，因为可能会出现好几种情况：

- 你的另一半确实懒惰，需要鞭策；
- 关于房子应该收拾成什么样的标准，你和另一半产生了很大分歧——他可能对乱糟糟的环境安之若素，而你可能连一个垫子没放对地方都受不了；
- 你的另一半完全不知道你在他看不见的时候干了多少活，他对于你在刷盘子时故意摔摔打打以示抗议也视而不见；
- 也许你并不清楚另一半在你看不见时做了多少工作，他管的事可能比你意识到的要多，而你却认为自己做得比对方多，甚至可能对方也觉得自己干的活超出了应有份额。

不管是哪种情况，最好的做法都是你俩坐下来好好谈谈，明确告诉对方你对目前的状况不满意，为了你们的关系和幸福着想，你希望——不，你需要改变现状。

显然，这需要以一种不会以争吵告终的方式进行，选择时机和态度，冷静是关键。你要用事实向对方证明，目前你承担的工作已经超出了你认为属于自己的份额。这就是参加时间训

## The Organised Time Technique
偷个懒也没关系：让妈妈不焦虑的时间整理术

练营的好处，它能为你提供证据证明你的时间都花在了哪里。如果你能让伴侣和你一起参加时间训练营就再好不过了，因为证据将白纸黑字地呈现在你们面前。这样一来，在你们的对话中就不会有那些"我认为""我感觉"的部分，毕竟铁证如山。但愿这些证据足以帮你获得公平。

不过，如果在理性讨论后，你的处境依然没有任何改善，甚至让你觉得自己被对方的花言巧语哄骗了——对方信誓旦旦会做出改变，但很快就将承诺抛在脑后，那你必须做一个决断，是甘愿保持现在的生活方式，还是果断减少工作量，把自己从压迫中解放出来？

当然，还有第三个非常诱人的选择，我知道大多数人在某些时候都会想要这么做，那就是罢工——"我想罢工一周，这样他们才知道我到底干了多少事"！而且，我们确实经常会恨不得撂挑子。做家务、为孩子预约牙医、安排出门游玩、参加打死都不想玩的室内游戏……所有成家立业、为人父母后必须承担的凡尘俗事不断增加，看似琐碎但加起来就会占用你很多时间。

在 Facebook 上的"妈妈管理术"社群中，经常会看到有人发帖抱怨，说自己身兼数职——家庭女佣、助理和司机等，但又对此无可奈何。如果每看到一次这种帖子，我就能获得 1 英镑，那么这足以使我变成一个富婆。这些人经常处于崩溃边缘，威胁要放下工具罢工，以此为最后手段试图震慑身边的人，希望让自己获得些许关注，让自己的辛苦和为难得到正视。然而，这类帖子往往没有下文，因为要实施（并持续）这种激烈行为真的很难。你得有钢铁般的意志，因为如果你选择对家事不闻不问，就必须眼睁睁地看着你所有的辛勤工作和成年累月努力累积的成果随着常规的打破而轰然倒塌，还要做到对此无动于衷。这感觉像什么呢？就像在整个罗马城陷入火海的时候，你还在自顾自地拉小提琴。

迄今为止，我从未采取过这种行动。我从来没有放下鸡毛掸子罢工，因为我知道自己无法坐视辛勤工作的成果遭到破坏。我太注重细节管理了，喜欢让一切井然有序。不过，我知道"妈妈管理术"社群中有很多女性都尝试过，于是我问她们结果如何，以下是她们给我的反馈。

- 以惨败告终，最后留给自己的是堆成小山似的清洁工作，完全是自讨苦吃。
- 我坚持了四个星期，实在受不了！到最后也没人帮我一把，所以我只能一边喊着罢工一边干活儿。
- 几年前我这样干过，当时管点用，有几个星期他们表现得很好，可惜并没有坚持下去！
- 没什么用，除了把其他人都惹毛了。我认为应该避免所有被动攻击行为，这真的很容易导致自己陷入自以为是

## The Organised Time Technique
偷个懒也没关系：让妈妈不焦虑的时间整理术

和一厢情愿的误区。在我看来，这是最有害的事。

你觉不觉得，主题推进得越来越深入了？

我想告诉你的是，我们这个社群中有 200 多人做出了回答，绝大多数都说罢工不起作用。我认为上述最后一个回答提出了一个非常好的观点：如果情况已经糟糕到你必须"作天作地"以求改变的地步，那说明你们之间的沟通已经出现了很大问题。如果还能以谈话的方式沟通，请继续尝试，这种方法要健康得多。

### 写给你的另一半

（如有必要，请让你的另一半阅读以下内容。）

你的另一半有些事需要你的合作，请一定耐心阅读这一小部分内容，这对你的另一半至关重要。别担心，她会言简意赅。

你的另一半很有可能觉得自己干了很多枯燥乏味的家务，已经超出了她应承担的份额。也许她以前和你说过这个问题，也许你们已经不止一次地为此争吵。

你的另一半买了这本书，希望更好地管理时间。

> 她想尝试摆脱生活的"仓鼠轮",即起床、工作、做家务、睡觉、起床、工作、做家务……你懂的。
>
> 这本书能帮她实现这个目标,但没有你的合作是无法完成的。当她和你谈到这个问题时,请保持开放的态度。这可能是你们之间真正积极变化的开始,无论是作为个体还是伴侣。
>
> 这本书的目的是让你们拥有渴望的休闲时间,而且心安理得!所以,请试一试吧。这会是一个了不起的开始。

## 什么值得做

想一想,**哪些事真正值得你花时间去做——别忘了让自己休息一下。**

问题通常并不在于不提供支持的伴侣,而在于我们自己。作为女性,有时我们会成为自己最大的敌人。浏览社交媒体信息时,我们常常忍不住带着渴望的眼神盯着那些富丽堂皇的房子(对我们许多人来说都是不可能实现的理想家园),以此来满足我们追求完美和改善生活的执念。不仅如此，我们还会把目光转向自己，追问为什么我们没得到那些可爱的垫子、完美无瑕的厨房和在加勒比海度过的假期，这会让我们一直感到不甘心和不满足。

前文我们谈到了生活中攀比成风的危险，以及我们为此耗费的时间。我们之所以会被那些完美的描述吸引，主要原因是人类的本性就是渴望拥有更多。那些代表"理想"生活方式的画面具有鼓舞人心的力量，会激励我们努力争取更好的东西。这种激励可以是健康的，但当你走得太远时，就可能对你的心理状态和健康产生破坏性（有时是灾难性）的影响。花30英镑买一套你最喜欢的博主参与设计的新餐盘，这没什么大不了，但如果你因没能力更换整个厨房以迎合当前席卷社交网络的潮流而感到痛苦的话，那局面可能会迅速失去控制。

我们知道攀比会偷走我们的快乐，但你可能还没意识到，攀比还会偷走我们的时间。它是怎么做到的呢？它引诱我们花时间无意识地浏览社交媒体，还通过其他方式占用我们的时间（和头脑空间），因为你会下意识地问自己，为什么处处不如人？因为别人看上去好像一直在度假、通宵狂欢、每天买买买，似乎钱多得花不完。于是，你会更加努力工作，把自己逼到极限，就为了实现那种生活。

但问题是，即便你敲骨吸髓一般压榨自己，丧心病狂地拼命攒钱，做牛做马般地给资本打工，最终买到了你梦想中的房子，仍需要有人费心费力地维护保养，才能让房子永远看起来完美无缺。而且，如果你是那个最想努力追逐完美的人，那你猜会怎么样？是的，没错，它将落在你肩上，你将耗尽宝贵的时间，就为了打造一座看似完美的房子。

如果你喜欢这样做，并且真的不介意像执行精心策划的军事行动一样把你的时间都花在操持家务和管理家庭上，你就会成为赢家；相反，如果你不是这样的人，很快就会开始觉得不爽。

## 没有荣誉勋章

**这不是女童军的战斗，也没有荣誉勋章。**

如果你按照别人的标准来打理你的家——无论是 ins 上的理想家园，还是时尚杂志上的浪漫愿景，恕我直言，你就会为了不值得的事业牺牲自己。

你可能一开始活力满满、拼命工作，试图为自己和家人创造梦幻般的生活，并为自己精心打造的家庭环境自豪不已。你甚至可能会在朋友来访时收到一大堆赞美（还有可能来自你的家人，他们正在享受你的劳动成果）。不过，很快你就会嗅到不

## The Organised Time Technique
偷个懒也没关系：让妈妈不焦虑的时间整理术

平衡的味道，你会非常清楚，快乐与痛苦的比例对你不利。你承担了所有痛苦，而他们却在享受所有快乐。你在做大部分辛苦活，而别人却在坐享其成。

如果你曾经在另一半舒舒服服地坐着看电视时，心不甘情不愿地洗晚餐盘子，你就会明白我在说什么。这个时候，有些人会自然而然地想"去他的！我也要去坐着"；但有些人——那些最容易落入殉道者陷阱的人，会咬紧牙关，继续埋头洗碗。后者就是需要时间整理术拯救的人。如果你能坚持执行时间整理术，照顾家庭的工作就不一定会占据你的整个生活。你会让操持家务、管理生活以及其他一切成年人要做的事各归其位，这样你就能继续做自己的主人，而不是一座房子的奴隶。

第 6 章

# 管理你的时间

# 第 6 章　管理你的时间

欢迎来到你翘首以待的部分,欢迎来到你的人生新起点。听起来有点夸张吗?也许吧。但我确信,一旦真正践行时间整理术,你的生活就会变得轻松许多。

从现在开始,你就要开始做出改变了,并且很快就会看到时间整理术带来的积极影响。你已经通过了时间训练营的训练,已经大刀阔斧地进行了改革,做到了删繁就简。现在,是时候播下新种子,用新的方式来管理你的时间了。

你准备好了吗?

## 进入正题

前文说过,按照时间整理术,你每天的时间将被分成一系列以 30 分钟为单位的单元,也就是说,每天可以分成 48 个时间单元。让我们从崭新的一天开始,想象眼前是一块由 48 个时间单元组成的空白画布。

时间整理术和妈妈管理术一样,把要做的事分为三个等级。

## 事务分级

### 一级事务:必须完成的事,如果不做就会有麻烦

一级事务指的是,必须为这些事分配时间,这没什么可商量的。它们的作用是确保你自己和家人的健康,是每天都必须做的事。我希望你将以下几项列为一级事务:

- 睡觉;
- 泡澡/淋浴;
- 饮食,确保你和孩子们营养充足;
- 照顾年迈的家属。

### 二级事务:重要但必要时也可等待或推迟的事

二级事务并不是生死攸关的大事,但如果你经常不做,就

会为你带来严重的困扰,它包括以下事务:

- 工作(我知道,对许多人来说,工作至关重要,你可能认为它应该被放在第一级,但我把它列为二级的理由是,在必要时也可以请一天病假);
- 送孩子上学;
- 做报税单;
- 打扫屋子、洗衣服等。

## 三级事务:你心心念念的事

三级事务指的是,那些你一直想做却总是腾不出时间的事。现在,好好考虑怎样才能腾出时间去做以下事项吧(来点音乐,开始享受快乐)。

- 泡个澡。
- 培养一个多年来一直想尝试的新爱好。
- 读一本书。
- 搞一个副业。
- 写一本书。

**The Organised Time Technique**
偷个懒也没关系：让妈妈不焦虑的时间整理术

## 统筹安排

我知道，你很想直接跳到最精彩的部分（我完全理解）。我知道你们想直接跳到有关如何使用做三级事务的时间（简称"三级时间"）的内容，但在没搞清楚自己到底有多少"三级时间"之前，你不能这样做！

如果你急于决定要用"三级时间"来做什么，就会拖时间整理术计划的后腿，这意味着计划得不到恰当的推进，导致整个系统土崩瓦解。在规划三级事务之前，必须确保为一级和二级事务中那些略显无聊但必不可少的事务留出时间。

对于那些喜欢直观想象的人来说，你可以把一级和二级事务想象成天鹅在水面下的腿，三级事务是浮在水面上的天鹅身子，双腿要在水面下疯狂地划动，才能保证你能优雅地参加每周三次的高温瑜伽课程。

记住，你在第 4 章中完成了精简工作，所以最终留在一级和二级的那些事务绝不能少。

## 一级事务优先办

一级事务就像建筑中的脚手架，时间整理术计划的其余部分完全靠它们支撑，如果说得夸张点，你的整个生活都要靠它们支撑！因此，一定要清楚应该分配多少时间给一级事务，让它们成为你雷打不动的日常惯例。

请记住，对这些时间的使用没有讨价还价的余地，也不能挪作他用。例如，如果你把睡眠列为一级事务，当有人试图在你的睡眠时间安排一些事情（也许老板要求你提前一小时去开会，这意味着你必须提前一小时起床），而你又不能把一级事务拖到其他时间来做（如前后挪动你的时间安排，抽出时间能在前一天晚上提前一小时睡觉），那你就必须硬着心肠告诉提出要求的人，你没有时间，只能把这些事安排到另一天。

这一点真的很重要，如果你不准备像捍卫自己的生命一样捍卫自己的时间，那么把时间和精力投入时间整理术就是没有意义的。坦率地说，你的一部分生活（而且是最有意思的那部分）确实要靠它才能实现。如果你把某些事务列为第一级，就不要对它们所占用的时间感到吃惊。来个深呼吸，继续决定该把哪些事务列入第二级吧。

## 二级事务慢慢添

与一级事务一样，二级事务一旦决定了就不应再更改。在时间整理术计划中把它们列为固定事项，看看它们需要多少个时间单元。

## 三级事务最后来

现在,我们已经可以计算出你拥有多少时间来享受渴望已久的第三级事务!

如果你是一个每天朝九晚五、每周工作五天的打工人,那么你可能会发现,一旦定好了一级和二级事务,你的日子通常是这样过的:

- 睡眠(一级):16 个时间单元;
- 工作(二级):12 个时间单元;
- 家务(二级):1.5 个时间单元(如果你采用了妈妈管理术);
- 早上的准备时间(包括自己和孩子的事务及吃早餐)(一级):4 个时间单元;
- 送孩子上学 / 自己上班(二级):2 个时间单元;
- 接孩子放学 / 下班回家(二级):2 个时间单元;
- 准备并享用晚餐(一级):4 个时间单元;
- 沐浴 / 哄孩子睡觉(二级):2 个时间单元。

总计:43.5 个时间单元。

你看,最后剩下 4.5 个时间单元,是完全属于你自己的时间,可以用于三级事务。这可是 2 个小时 15 分钟呢,听起来可不算少，你不觉得吗？然而，如果这些时间全是零零碎碎的，根本没办法凑到一起，会怎么样？如果你的目标是在浴缸里好好泡一阵子，那么这里 10 分钟那里 10 分钟的时间对你来说毫无用处！下面我给大家提供一些小招数，可以帮你在其他时间精打细算，这样你就可以腾出时间做那些非常宝贵的三级事务了。希望以下建议能起到抛砖引玉的作用，帮你想出其他可以提高效率的方法，并让你迅速修炼成"时间大挪移"的高手。

- 与其无聊地坐在电视前看沙发促销广告，不如起身去完成一个只需五分钟的工作，比如收拾洗碗机、叠衣服。
- 在等待水烧开的间隙，可以快速擦拭厨房台面。如果整天都能保持这样见缝插针干活的状态，你就可以省去晚餐后的庞大清理工作（让你有更多的时间泡澡）。
- 晚餐时做双份，将另一份放入冰箱里以备下一顿。这样，你就用做一顿饭的时间和精力做了两顿饭。嘿，属于你的时间更多了！

## 重头戏来了

终于到了你决定用自己的空闲时间做些什么的环节了。通常情况下，你会有一点儿近乡情怯般的恐慌。如果你已经习惯

## The Organised Time Technique
偷个懒也没关系：让妈妈不焦虑的时间整理术

了像机器一样高速运转，习惯了生活像一个不断旋转的齿轮，机械地完成一件又一件的待办事项，从未真正体会到所做之事有何趣味，那么你在突然面对可以自由安排的时间时，确实会有点畏缩不安（也许还有点百感交集）。

也许你现在正坐在厨房的桌子前，对着突然出现的空闲时间一筹莫展。这对你来说是个新鲜事物，让你一时想不好该怎么利用它们。这太正常了，特别是如果你已经有好长一段时间被困在仓鼠轮上，就很可能已经忘记了工作和养育子女之外的生活是什么样子。

我们都曾幻想过，如果有五分钟的闲暇时间，我们会去做什么，但当我们真正拥有一些难得的自由时间时，往往又会在眼花缭乱的选择面前不知所措，最终迷失在所有可能性中。一部分的你可能真心想舒舒服服地泡个澡，听个播客；另一部分的你则可能想去附近的健身房参加免费的普拉提课程。这时，你会顺理成章地意识到，多年来你为了给工作和家务让路，一点点放下了自己的爱好，直到什么都不剩。这可能让你感到五味杂陈，而且说实话，可能还会让你有点难过。但在现实面前，你肯定会选择当时似乎是唯一正确的选项，牺牲非必需事务才能让生活继续，让该做的事得以完成。人们首先牺牲的往往是个人爱好，然后一步步退让，很快就再也没有空闲时间可言。因为当有更重要的事（如成人事务、交煤气费、接送孩子上游泳课、把用过的瓶子退掉等）需要做时，他们就无法心安理得地把时间用在那些"无聊"的活动（比如自娱自乐）上。如果必须在泡澡和买菜之间二选一（因为没有时间两件事都做），你内心的成年人就会咬牙去干活，把菜买回家。很多时候，我们会牺牲自己想要做的事，去完成那些需要做的事。

然而，现在你的生活中已经有了时间整理术，使用这个技术，你不但可以从容地完成所有必要工作，还可以理直气壮地给自己留出闲暇时间。而且，我们还没涉及周末呢！

如果你已经在执行妈妈管理术，那你就该知道，周末是特意留出来的"无家务时间"，意思是不需要吭哧吭哧地去干那些堆积的家务。妈妈管理术允许你把周末留给那些更有趣的事。如果你从周一到周五已经辛苦工作了五天，天哪，你就不想在时间整理术计划中为周末时光留一些乐子吗？在周末，你不但不需要做家务（如果你使用妈妈管理术），而且这段时间属于难得的"三级时间"，你可以心安理得地放松。当然，不是每个人都是五天工作制，很多人需要轮班，还有一些人的休息时间不是周末。无论是哪种，在使用时间整理术时，都不要去动用那些用于休闲娱乐的时间，要让它们保持不变。

时间整理术的好处是，每天和每周的安排不用固定下来。与一级和二级事务不同，那些可爱的三级事务完全可以花样翻新、丰富多彩。你可以每天、每周或每月一变，完全按照你的心情来，让它们为你的每一次心血来潮和奇思妙想服务。你甚至可以决定只用这段时间早睡——或者，也许，只是也许，如果你在家工作，可以在中间打个盹儿或洗个澡。

你可以心安理得地享受三级事务，因为你已经把最重要的事做好了。因此，你不但能拥有个人时间，还可以心无旁骛地尽情享受，不会因为总想着原本可以或应该用这些时间去做更有价值的事而心怀愧疚、坐立不安。一开始你可能会因陌生而有点忐忑，但请记住，你已经为重要的事（也就是一级事务和二级事务）留出了足够的时间。更重要的是，你很清楚自己确实为所有重要的事留出了时间，因为你在参加时间训练营时就已经安排好了！你可能会有点百感交集（甚至还可能有点羞愧），因为你任由生活左右了你，曾主动放弃了个人兴趣和爱好。请不要对自己如此苛刻，你并没有让自己失望，你做了当时需要做的事。好消息是，你现在有时间去探索你喜欢的事，去重新认识自己。

在为人父母的过程中，真的太容易失去自我了，这种情况可能会发生在每个人身上。然而，有时间整理术傍身，你就可以幸免于难。我向你保证，能否心安理得地享受空闲时间是改变游戏规则的关键。

## 随机应变

我说过，在写这本书的时候，我们正处于新冠肺炎疫情中。世界各地的形势已经让我们清楚地认识到，生活有时就是喜欢搅局，我们必须学会顺其自然、随机应变。可能在我们手头的事进行得顺顺当当的时候，"砰"的一声，生活就彻底乱了套，而我们不得不辛辛苦苦地拨乱反正。有句话说："生活就是节外生枝的意外。"说得真是太对了，我们必须学会从容应对随时随地可能出现的曲折和变故。

关键是，我们必须认识到时间整理术不是一个不容更改的计划。我们需要因地制宜、随机应变——不仅来自生活中的变化，还包括时间上的改变。变化随时都会发生，这没关系。如果你对计划中的某个改变感到紧张焦虑，那么这只会使你更难回到正轨。比如，你原计划用4个单元的时间和朋友吃午饭，但后来变故陡生，你不得不去学校接生病的孩子。这很可能会打乱你一整天的安排，意味着你不仅错过了与朋友久违的聚会，还不得不搁置其他工作。

让我们来探讨一下如何防止这种情况的发生，以及为什么必须有应急计划（以防肠胃不适或孩子生病）。为了防止你的时间受意外事件的影响，最重要的方法是提前做好一周计划，并确保预留应急时间。我一般都是在周日制订下周计划。对大多数人而言，做日程安排并不用花太多时间，因为一周要做的事基本相同，一级和二级事务大都是来自工作单位、学校和其他定期的、有组织的活动。不过，千万不要以为每周都是一样的，不要太自以为是！提前一周制订计划将帮你做到以下两件事。

- 帮你对即将到来的一周形成鸟瞰图，使你能快速扫描所有待办事项，确保尽可能有效地利用时间。
- 万一出现意外事件，你能迅速看到可以挪用哪些时间单元来解决这个问题。可以想象自己面前有一个电脑屏幕，用鼠标"拖放"这些时间单元。提前计划好一周要做的事，你就会过得很轻松。

如果你已经坚持执行了一段时间整理术，就会发现，虽然出现意外事件令人讨厌，但因为你一直有效地利用时间，所以它们不会像以前那样产生灾难性的影响。

在执行时间整理术计划前，你可能会把某个项目拖到最后一刻，结果在截止日期的前一天得了重感冒。这会让你立刻陷入恐慌状态，担心自己只能带病匆忙完成项目。如果你想把工作完成得出色，那么这样做肯定不行。而现在，你有了时间整理术，把事情拖到最后一刻的行为将不复存在，即使出现了坎坷和变故，你也能更加从容地大踏步跨过去。

为防止意外打乱你的计划，最好在日程安排中加上应急措施，例如，为通勤增加 25% 的时间，以防出现交通堵塞或火车延误。记住，应急措施是必不可少的。当然，我们不可能对所有不测之事都未雨绸缪，但如果你的时间整理术计划过于死板，没有回旋余地，就意味着当有意外发生时，有可能把你这一周都拖下水。因此，最好计划出一些缓冲时间，以阻止意外像"大屠杀"一样，"收割"太多远超出必要的时间。

## 减少意外损失

每个人都不可避免地会有"逆水行舟"的时候，全宇宙似乎都在与我们作对，没有一件事是顺心的。那么，我们要如何做才能让意外转瞬即逝，不会持续整整一天或一周？你可以参考以下的方法。

- 必须接受一些连带损失，如果可以，试着把损失的时间一笔勾销。如果倒霉事并不涉及关键的一级或二级事务，就随它去吧。对，如果因为车坏了而没能让你去跳尊巴舞，这确实会令你感到糟心，但是除非你能把跳尊巴舞列为本周的"三级事务"，从其他地方抽出时间去完成，否则最好做个深呼吸，该干什么干什么。
- 如果这件事很关键，比如关系到你是否能按时完成某项工作，你就要把一周的安排视为一个整体。能不能挪到另一个时间完成？有没有一些安排在本周晚些时候完成的事可以推迟到下周？这样做可以让你腾出一些时间满足你的最后期限。

- 如果条件允许，尽量从属于同一级别的事务中挤出时间，只有在十万火急的情况下，才可以从三级事务中抽出时间来弥补一级或二级事务的时间损失。记住，时间整理术的关键是平衡。我们之所以要如此坚定地捍卫三级事务时间，就是希望你能摆脱生活的仓鼠轮。

第 7 章

# 坚持你的原则

## 第 7 章　坚持你的原则

在生活中做出重大改变并非易事。通过制订你专属的时间整理术计划，你可以对过往时间的使用方式进行彻底评估，以决定是否改弦易辙。这个决定会让你充满勇气和力量，但也会给你带来巨大压力，很多外在与内在因素会同时向你进攻，试图让你招架不住、半途而废。接下来的章节将探讨那些根植于你内心深处的、可能阻碍你将时间整理术贯彻到底的信念，比如：身为母亲就该如何做，做不到就会产生负罪感；认为自己不配拥有自我享受的时光等。我们还将探讨可能导致你停止执行时间整理术计划的外部力量，比如他人的期望、睡眠不足等现实因素。有些人可能会觉得这些内容难以理解，但不管怎样，请你硬着头皮读下去。如果不解决这些问题，那么从长远看，时间整理术不太可能有效果。

## 关于权力

让我们先来谈谈权力的问题。首先要明确两点：(1) 你自己的权力；(2) 对权力的错误认知会给你带来的麻烦。

### 时间不欠你的

你是否犯过这样的错误：看到别人可以悠闲地做指甲，每天花一小时在健身房，周末出去玩，就感到愤愤不平，心想凭什么自己不能做同样的事。这种滋味苦涩难耐，尤其是当你觉得自己正在做牛做马的时候。也许你真的很困惑，那些人到底哪里来的空闲时间；也许你正在为获得梦想中的工作而用功读书，以期早日考到资格证书；也许你刚刚创建自己的生意，大部分时间都在奔波忙碌，以期事业早日起步。你在为出人头地、获得更好的生活而埋头苦干，别人却在优哉游哉地享受快乐时光，这样的对比真的很难不让人感到愤恨。

做个深呼吸，提醒自己，你已经完成了时间训练营的训练，这意味着留下来的每个任务都是必要的，只有完成了这些任务，你的生活才能顺利进行，你手里的牌就是这些。我知道这听起来很刺耳，但事实就是如此。我们只能尽力打好手上的牌，趴在窗户上窥探别人的生活对我们没有好处。你看到的只是快照，而非全貌，你并不知道别人关起门来是如何生活的。他们可能和你一样，为了工作熬更守夜、通宵达旦。很多时候，人们只向你展示了他们希望你看到的东西，而这不正是社交媒体的真相吗？社交媒体是带给我们最多不平衡感的糟糕事物，它让我们以为别人的生活都比我们的更有趣。请记住这句话："不要把你的幕后花絮和别人的精彩回放做比较。"尤其是"空想家"和"野心家"，你们可能会因此而自怨自艾、自暴自弃。

不要把自己与他人做比较，因为世上没有完全相同的两片树叶，这种比较本就不公平。每个人（我指的是所有人）每天拥有的时间都是一样的，人与人之间的区别在于使用时间的方式。把时间用来做什么完全取决于个人，不只是今天的时间，还有昨天的时间以及从前的所有时间。

接下来，我将详细解释一下我的意思。你遇到或看到的每个人，之所以会成为现在这样，是因为他们走过的长长来路。他们现在享受的任何成功或闲适，都是因为过去在"如何利用时间"这个问题上做出了正确选择。每天在健身房锻炼一小时的人，也许多年来一直在为事业打拼，现在正在享受回报；也许他们已经有能力雇人帮自己减轻负担，承担一些他们不擅长的任务（所以过去他们花了太多时间）；也许他们正在重新利用节省下来的时间，照顾自己的心理和生理健康。

我们都要对自己的时间负责，就像对自己的金钱负责一样。每个人心中的优先项都是不同的，人们会据此决定将时间和金

### The Organised Time Technique
#### 偷个懒也没关系：让妈妈不焦虑的时间整理术

钱花在什么地方。现实就是，如果你还有 8 个时间单元（即 4 个小时），你需要去工作（为了支付账单），但同时你又想去做水疗、做指甲，此时你就必须做一个对自己负责的决定了。虽然别人正在做水疗、做指甲，但并不意味着你也可以理直气壮地去做同样的事。你不能跺着脚说"这不公平"，一意孤行地去做指甲，然后又抱怨自己总是没有足够的时间完成工作。你得实事求是，其实你是有时间的，但你选择把它花在做指甲上了。

相信过程，相信你现在做的工作和投入的时间将在以后得到回报。你正在用时间做投资，而你羡慕的那些人可能已经兑现了他们过去的投资，现在正在享受劳动成果。任何时候都别忘了，一定要按计划使用你的时间单元（"败家子"，说你呢）。只要坚持这样做，你就也能获得闲暇时光。如果你浪费了这些时间，最终只能后悔莫及。沉迷刷手机或短视频会吞噬你原计划做其他事的时间。如果你在短视频平台上疯狂吸猫，把工作抛诸脑后，你猜会发生什么？这样其实是在把你的二级时间变成三级时间，意味着你最终只能用宝贵的三级时间来弥补损失的时间。

### 你不欠别人的

既然上面这个问题解决了，就让我们来看下一个问题。可能有人会对你产生依赖心理，认为有权占用你的宝贵时间，只为让他们自己过得更轻松。想象一下这样的场景：在一个阳光明媚的周日下午，你刚在花园里坐下来，准备享受 2 个单元（1 个小时）安静闲适的个人时光。突然，你的另一半不知怎么就发现你正"无所事事"，于是要求你帮他晾衣服。他可能看出你有点不情愿，所以拿出那句经典台词："拜托，只需要 10 分钟而已！"

我给大家讲一个故事，是我在经营炸鱼薯条店时的真实经历，那是我迄今为止干过的工作中最辛苦的。那份工作很累（每天都要站 12 个小时，几乎没有休息），而且很臭，清理工作简直就是一场油腻的噩梦。不但如此，还让我完全没时间和家人或朋友相聚。

我们通常在晚上 9：30 打烊，因为我不想在酒吧关门时还在营业。附近的人都知道我们几点关门，但这并不能阻止有人来碰运气，在晚上 9：28 才跑过来，希望你为他们做四人份的鳕鱼、薯条和豌豆。因为（是的，你已经猜到了）他们会说："拜托，只需要五分钟而已！"确实，只需要五分钟。但是，如果还有人看到我们在晚上 9：30 还开火，就会决定过来碰碰运气，接下来会发生什么？就是五分钟之后又要五分钟——没完没了。不知不觉，我面前可能又有六个人在排队，意味着我又比原计划多工作了 30 分钟。

你看，这就是他人的权力，后果就是我失去了非常宝贵的休息时间。我过去经常每晚 11 点才回家，因为要花很长时间来做清理。每次妥协后，我只能一边擦洗厨房一边想："太累了，今天不能熬夜了，没法享受每晚看半小时《老友记》的睡前仪式了。"看见了吗？我牺牲了自己的休息时间，就因为别人不能按时来点餐。因此，后来我像战士一样捍卫自己的时间，我学会了说"不"。你猜怎么着？顾客们也学会了乖乖地在打烊之前跑过来。边界和尊重是你的秘密武器。附近的人都知道，当看到那些经常晚点跑来点餐的"惯犯"穿过停车场时，我就会迅速拉下卷帘门。**永远不要害怕坚持你的立场。**

### 警惕"杜鹃鸟"

记住，坚守你的时间边界至关重要（回想一下当初你为了腾出这些宝贵的时间付出了多少的努力）。在你的同事或家委会（开个玩笑——我可喜欢家委会了，他们的工作很出色，而且过去我时间充裕时也是其中一员）中，总是不乏一些有火眼金睛的人，他们会敏锐地察觉到你突然变得悠闲了，于是会不遗余力地帮你找点事干，试图再次把你的时间填得满满当当。他们可实在是太"热心"了！

也许有人眼尖地发现，你不再加班到很晚，而是到点就打卡下班，赶去和爸爸吃晚饭。这要是被那些自己时间吃紧的人看在眼里，可不会有什么好结果，你必须小心提防有人会不怀好意地搞破坏。要特别提防那些时间领域的"杜鹃鸟"，他们会试图偷走你新垒的"时间小窝"，将其据为己有。即使你对新的做事方式讳莫如深，"时间杜鹃"还是会发现你在用工作以外的时间做一些惬意的事（即你的三级事务）。出于某种原因（可能是因为他们感到压力很大），他们会对此不以为然，并试图占用你的时间来减轻自己的负担。你必须小心提防这种现象，特别是在工作场所，这是一个非常容易让人中招的陷阱。我并不是说你永远不该帮助那些有需要的同事，只是想提醒你警惕那些喜欢慷他人之慨的人，因为永远有这样的人——而且，实不相瞒，你可能已经知道是谁了。

你知道是如何开始的。"哎呀，你应该能帮我一个忙吧？当你喝咖啡的时候，能不能顺手帮我看一下这份报告并做出修改？"你同意了。于是，你在不知不觉中就成了办公室的非官方校对员。"交给她干吧，她对这种事最在行了！"于是"砰"的一声，你好不容易争取的时间就化为乌有。有些人之所以这样做，是因为他们不愿看到你有自己的时间，嫉妒你把一切管理得比他们好。也有一些人只是因为快被他们的工作压垮了，真的需要帮助，这样的人就需要学习时间整理术。不过，不要告诉那些刻薄的人，让他们遭罪去吧！开个玩笑（其实不是）。

# 第 8 章
# 改变你的习惯

## 第 8 章　改变你的习惯

我们在第 7 章中说过,要做出巨大改变,就可能面临巨大的挑战。其中最难的莫过于改变思维定式和潜意识信念,即为人父母后应该如何做,但这正是时间整理术要求你必须做到的。

我发现(也许你也发现了),成为母亲后,每当我要去为自己做点什么时,都会用一种母亲特有的速战速决模式,比如壮着胆子去洗澡时通常不会超过三分钟,满脑子都是"宝宝马上要找我了"的想法。还会担心,会不会刚把脚趾头伸进渴望已久的洗澡水,就听到"妈妈,妈妈,你在哪儿"的喊声。正因如此,我从未彻底放松过,这意味着即使我千方百计地挤出时间做些自我照顾的事,也从来没有真正从中得到乐趣。

我知道我并不孤单。我们中的很多人从来都没有真正放松过,从来没有真正从一些远离父母职责的事中获得快乐。该如何形容这种感觉呢？似乎一旦成为父母，优先考虑自己的那部分能力就被手术切除了。大脑中能让我们真正放松并享受与孩子无关的生活的那部分，似乎被打包搬走了。回想一下，有多少次你雇了保姆照顾孩子，和另一半出去吃一顿期待已久的大餐，却一晚上都心神不宁，大部分时间都在查看手机或发短信，只为确保孩子在家一切正常？我们都做过这种事，这是为人父母的一贯作风，已经成了一种本能。

请相信我，我真的完全理解你们，要打破以往习惯，把自己放在第一位——即使每天就那么一小会儿——你也会感到浑身不得劲。不过，我认为这是我们必须努力并不断提醒自己去做的事。以我自己为例，如果我在某段时间发现自己不那么注重自我照顾了，就会自我问责，并和自己严肃地谈一谈。当我说把自己放在第一位时，就一定要把自己放在第一位，可不是说说而已。做些能让你完全远离育儿世界的事，试着走出家门，你就听不到孩子们为轮到谁玩游戏机而争吵的声音了。如果做不到走出家门，就把你的三级事务安排在孩子们安然入睡后。

至于应该把三级时间用来做什么，每个人有不同的选择，通常取决于以下三个因素：（1）所拥有的三级时间数量；（2）手上可用的现金数量；（3）此时所处的人生阶段。一位新手妈妈的三级时间与一个孩子们都已上大学的妈妈肯定会很不一样。

最近，我重新查看了我的三级事务，发现我的人生已经迈上了新台阶。具体表现为：我重新规划了我的财务状况，拿出一笔钱加入了一个有 SPA 服务的健身俱乐部；我还检查了每天的花销，划掉了那些对我来说不如自我照顾重要的事务，这对我来说是个非常非常非常惊人的改变！

我是在工人阶级家庭长大的，父母都是吃苦耐劳的类型。在我的成长过程中，一直被灌输的观念就是"一分耕耘一分收获，懒惰会被戳脊梁骨"。因此，当我决定加入健身俱乐部时，不得不与内心根深蒂固的观念殊死搏斗，它试图说服我不要去做那些对我心理健康有益的事。我必须与从小接受的家规做斗争，因为它在痛斥我，教育我正确的做法是继续高负荷工作，至于会有什么不良后果，到时候再说。

我估计这种情况还会持续很久，我们一直与"母亲专属罪恶感"做斗争——这种罪恶感几乎变成了一种本能。在加入健身俱乐部前，我真的纠结了很久，在那里进进出出了三次，才咬牙做出了最后决定。这种情况离谱到什么程度呢？在此我要向大家坦白一件事，我对大多数人隐瞒了要去有 SPA 的健身房的事实。有一段时间，我在社交媒体上对此只字未提。为什么？因为我有深深的罪恶感，担心人们会据此评判我，或者认为我是贪图享乐的懒女人（你看，害怕被贴上懒惰标签的恐惧又出现了）。对此越纠结，我就越明白这件事绝对值得拿出来好好说一说。因为避而不谈，不敢为终于鼓起勇气把自我照顾提上日程的自己喝彩,这种情况就永远不会改变。

所以,请跟着我说下面这句话:

> 自我照顾不是自私。

## 休息不是浪费时间

身为女性,作为母亲,我们倾尽全力去关爱和照顾身边的人。但当我们把这些用在自己身上时,内心就会极其不安。哪怕是在又忙又累的工作后小憩、去桑拿房坐上 15 分钟,我们都会自责不已。这难道不是很可悲吗?我每周工作超过 50 个小时,无论如何都和懒惰沾不上边(又来了,我还在试图为自己辩解),但我仍然觉得没资格把时间用在让自己轻松舒服的事务上。

在执行时间整理术计划之前,我总是试图把自己的一天塞得满满当当,恨不得挤出每一分钟,让自己成为超级妈妈。我经历了严重的焦虑期,即使肾上腺素已经飙升到了顶点,我仍在不断鞭策自己,每天以每小时 100 英里的速度向前冲。哪怕在创建了时间整理术之后,我也有一段时间没有明智地利用它。

## 第 8 章　改变你的习惯

我只是把它作为一种让自己做事尽可能高效的手段，本质上还是把自己变成了一台工作机器。这样做，不可避免地会使得机器坏掉。这就是为什么你必须定期完成时间训练营的训练，我建议每年至少两次，确保你在重新落入承担越来越多工作的陷阱之前及时警觉。不要以为一次时间训练营的训练就能彻底搞定，旧习惯很容易卷土重来。你要时刻保持警惕，要一直优先考虑自己的健康，就像你总是优先考虑他人的健康一样。

在最终决定加入健身俱乐部前，我一直在不当地利用时间整理术来为自己安排尽可能多的工作。那时我已精疲力竭，我的身体迫使我不得不休息。我可以好几个星期一直干劲十足，然后会精疲力竭，在休整一番后再振作起来重新开始——不断循环，周而复始。最终，我意识到，有些事必须改变了。正如我母亲常说的："如果你不改变做事方式，那么一切都会保持不变。"

我深刻地意识到，我花在工作上的时间太多，花在自己身上的时间太少，二者严重失衡。于是，我决定重新开始一次时间训练营的训练，重新进行时间大扫除。当我写下想要实现的目标时，其数量之多让我自己都大吃一惊，而在此之前我居然完全没有意识到！但我们都知道，很多时候我们的确会犯"一叶障目不见泰山"的错误。

如果你有我这样的感觉，就回想一下第 2 章中那个关于水桶的比喻吧。定期做时间训练营的训练可确保你的水桶保持在最佳状态，并能在漏洞开始成为大麻烦之前将它堵死。

## 母亲同样需要得到关爱

在做产前指导师和产后陪护时，有一句话经常被我们挂在嘴边："像母亲一样关爱母亲。"这是一件非常重要的事，但往往被忽视了。作为母亲，你总是忙东忙西，就为了让其他人都事事顺心。你费心劳力地照顾所有人，但又有谁照顾你呢？

我们许多人都面临一个严峻的现实：如果我们不照顾自己，就没人照顾我们。没人会操心我们晚饭吃得好不好，有没有好好刷牙，有没有按时上床睡觉，我们只能自己操心自己。这是一个相当残酷的现实，但我们必须接受。责任全在我们自己身上，如果不照顾好自己，不可避免的后果就是生病或崩溃，而我们那么努力才支撑起来的世界也会轰然倒塌。因此，你一定要优先考虑自己的需要，多关爱自己，这才是最关键的。我想把这个观点说得更清楚一些：这样做不仅是在善待自己，也是我们必须做的事。

如果你有孩子，你就会知道，成为父母后的第一次生病如同经历一次炮火洗礼（就像第一次宿醉一样上头，但我们现在不谈这个）。我对身为新手妈妈时的第一次生病记忆犹新，即便到了 13 年后的今天，我仍然记得当我意识到自己即使病了也不能躺在床上裹着被子，一边自怜一边刷剧时那种巨大的震惊！我必须撑着病体起床，干该干的事，照顾新生儿。从那天起我就发誓，一定要把自我照顾列为优先事项，因为一旦身为父母的你生病了，就可能会有很多事情陷入混乱。我们不可能制造出克隆版的自己，来完成照顾孩子、做饭、打扫卫生、上班挣钱等事。

就身体素质而言，我绝对算得上强壮坚韧、吃苦耐劳的北方女子。如果我是一头牛，在农民的拍卖会上肯定会卖出好价钱。这要感谢我的祖母，她有牛一样壮实的体质。她是在第二次世界大战期间长大的，在那个年代，"自我照顾"这个词可不像今天这样流行！因此，我确实非常理解那种一门心思只想埋头苦干的冲动，但我必须与之做斗争。

下面就让我们来探讨这个问题，我知道这将引起很多人的共鸣。我可以保证，很多人会点头赞同这部分内容。我是三个儿子的母亲，同时还是其他孩子的继母。我有一条狗要养，有一个房子要打理，要负责做饭，负责清洁打扫，还要在家里工作挣钱，这些都是我的活儿。**但我不能请病假**。我不能把被子拉到头顶，打电话跟老板说我不去上班了（有谁算得上是我的老板呢？可能我的小儿子本算是吧——这个五岁的小霸王）。

我的娘家人都没有住在我家附近，如果我生病了，干不了活儿，那么所有事就都会落在我丈夫迈克的肩上。我非常感激有他在身边帮忙，我的亲身经历让我知道万事一肩挑的单亲家长有多难、多孤独。一旦我生病，就意味着迈克将不得不请假，重新安排他的时间，以确保完成重要的事。你知道我说的是哪些事，比如让孩子们吃饱穿暖，不要灰头土脸地去上学。

一旦我生病了，产生的蝴蝶效应就会影响很多人：迈克的会议将被迫取消，这将直接影响到他的同事们以及他们的旅行计划；而当他回到工作岗位时，又会有一大堆工作等着他去做。那应该怎么办呢？好吧（除了不怎么有用的"不要生病"），最干脆的答案就是"自我照顾"。

自我照顾太重要了，听起来像一句空谈，应该把它放在你的待办事项清单的最后一行。如果对你来说，自我照顾只是社交媒体打造的闪亮世界中某个带"#"的话题，不过意味着喝绿色冰沙和穿瑜伽紧身裤，你就会对自己有所亏欠——完全属于你的时间。你不可能永远这样下去，你肯定会在某个时刻感到自己撑不住了，需要休息。

请记住，当**你**撑不住时，**一切**就都撑不住了！因此，千万不要任由事态发展到那个地步。请答应我，要像安排一级事务和二级事务一样，用心去安排你的三级事务。不要抱着"随便吧"的心态听之任之，否则你可能永远都不会拥有三级事务。

## 重新学习放松

我敢打赌，当你还是窈窕少女时，肯定没想过有一天你会不得不这样做。你肯定没有想到，身为人母后会不得不逼着自己为自己花一些时间。不仅如此，在历经多年把别人的需求放在自身需求之前的模式后，你会觉得这是个陌生的概念。你不得不重新训练你的大脑，让它进入放松模式。

当你在日程安排中增加适当的休闲时间时，刚开始可能会感觉很微妙，甚至有点抗拒。其中一个原因就是你正在计划把三级事务时间变成常态，而非偶尔为之的奢侈。很多人是不是在终于可以出去与朋友聚会时（也许是周末一起去做SPA，这可是三级事务中最难得的那种），才惊觉你们已经有好几个月没见面了？你坐在那儿，深感不可思议："这怎么可能呢？！"但事实就是如此！你们各自忙于生活，都找不出时间自我放松。

我希望这种情况再也不要发生，有了时间整理术后，你会逐渐养成定期规划三级事务时间的习惯，并最终成为常态。当然，这需要勤加练习，因为你早已习惯了忽视自我，要打破这个习惯并不容易。但你必须克服尴尬和内疚的感觉，并坚定地相信，安排三级事务时间不但名正言顺，而且对你的心理和生理健康都非常有必要。

## 睡眠不足怎么办

身为三个孩子的母亲，我当然经历过睡眠不足的阶段。当老天把我的第三个也是最小的那个孩子送来时，故意给了我一个巨大挑战。他可以称得上是世界上"睡品"最差的孩子，直到四岁，他都没睡过哪怕一个晚上的囫囵觉。

直！到！四！岁！

在他还是个小婴儿时，一天早上，我下楼为他准备当天的第一瓶奶，也为自己冲一杯急需的咖啡提神。但我当时实在是太疲倦了，极有可能脑子不清醒，所以当时的行为完全是无意识的。我把咖啡粉放进了奶瓶里，把配方奶粉放进了咖啡杯。幸运的是，我意识到了自己的错误并及时做了纠正，否则我那四个月大的孩子可就要被灌下一奶瓶咖啡了。如果你正在遭受睡眠不足的困扰，那么以下我分享的一些小妙招，可以帮你渡过难关。

**每天都要走出家门**。去呼吸新鲜空气，去一个能让孩子发泄精力的地方。比如，你可以带着孩子参加学龄前游戏小组，也可以去公园，总之，去一个你能与理解你感受的成年人交谈的地方。我知道，要给自己化好妆，带着已经很烦躁的孩子出门，光是想想就让你感到头大了。当你累到每根骨头都在呻吟的时候，耐心会逐渐告罄。但我向你保证，只要出了门，你的感觉就会慢慢地好起来。说不定还能邂逅处于相同状况的人，你们可以互倒苦水、互相安慰。在做产前指导师时，我总会在课程开始前给准妈妈们提供茶和蛋糕。上课之前，我一定会给她们一点时间，聊一聊前一晚发生了什么，并分享一些有用的技巧，提供力所能及的帮助。永远不要低估与愿意倾听的人交谈的力量，也不要低估与能够理解的人交谈的力量。

**关注自身营养状况**。当疲惫不堪时，我们往往会随便吃点什么，只要能填饱肚子就行，但这样肯定会让我们感觉更糟糕。一定要保证吃好喝好，不要依赖咖啡和薯片来对付一天。

**尽量保证睡眠时间**。我知道，我知道！这话对我自己来说同样颇有讽刺意味。我也知道，当一天结束，终于把孩子们安顿好了，好不容易有几个小时属于自己时，你可能就想追追肥皂剧了。于是，你看了一集又一集，根本停不下来，不知不觉已经瘫在沙发上，困得上下眼皮打架了，却还在拼命保持清醒，因为你想要感受属于自己的时间。我知道，如果早早就去睡觉，那会让你觉得自己的人生只剩睡觉和照顾孩子，并且在没完没了地重复。不过，只要有机会，你就该抓紧时间补觉，这是解决睡眠不足的关键。你可以利用三级事务时间睡觉，但这只是暂时的，不会永远这样，而且你会因早睡而感觉好很多。如果你选择了熬夜，你就会在第二天感到睡眠严重不足，后果无异于一场灾难。

**承认自己能力有限**。或许你可以做一个暂时性小规模的时间清理，将那些现阶段让你感到超负荷的事去掉。同样，这只是暂时的。你现在一定要把必要的事完成，这样才能保证在把自己照顾好的同时也能把孩子照顾好。

睡眠不足是一大难题，你所有的选择都是为了让生活正常运行，永远不要因这些选择而难过。记住，养育子女是一场马拉松，而非短跑——当然，结束时也不会给最累的人颁发奖牌。没必要向自己或任何人证明你有多忙，你的价值不是以一天能干多少事来衡量的。

第 9 章

# 内疚感是魔鬼

## 第9章　内疚感是魔鬼

作为母亲，你是不是总觉得自己做得还不够，还可以更好？如果是，请举手。

好几个月前你就想和朋友们相约聚会，但因为大家都有孩子，不是她没时间就是你走不开，总是没有合适的机会。为了让大家都很渴望的聚会最终成行，你打算找个保姆帮忙看孩子，但这种安排是不是让你深感内疚？如果是，请举手。

你是不是感觉自己太忙了，与亲戚和朋友见面的机会太少了？如果是，请举手。

如前所述，这本书是我在新冠肺炎疫情爆发期间完成的。这段时间政府要求我们尽量待在家里，所有酒吧和餐馆都关门了，整个国家处于封锁状态，意味着我们必须居家隔离。尽管我们一家努力让生活保持常态，但在封锁期间还是有点困难。

迈克和我每天都有工作要做，同时还要盯着孩子们学习，不让他们的大脑在休学期间变成糨糊，我们必须努力在两者之间保持平衡。所以，形势所迫，我不得不利用周末尽可能多地写一些，这样就可以在下周重新安排时间，让自己不至于那么忙乱。几分钟前，姐姐给我打电话，我们已经有好几天没联系了。但我告诉她明天再给她回电话，因为现在我的时间前所未有地紧张，我要用这个周末的业余时间写这本书，这是我目前的首要任务。而且我知道，等我写完后就可以腾出更多时间辅导孩子们的学业了。谢天谢地，时间整理术用起来可以如此灵活！但你猜怎么着，在结束通话后，我的内疚感就汹涌而来。

- 她会认为你在糊弄她。
- 她现在一定很不开心。
- 你不应该说没时间和她聊天，这会让她觉得你根本没拿她当回事。

但在当时，我必须坚持结束通话，我们必须根据掌握的信息来决定如何最有效地利用时间。以这件事为例，我心里很清楚，如果我现在不这样做，我在下周的日子就更不好过。我还知道，就今天而言，写作就是对时间的最佳利用。我更知道，我正在一个糟糕的境况下尽力做到最好。我相信姐姐知道我非常爱她，但我现在必须将工作放在第一位，因为我必须挣钱支付账单。

作为母亲，我们每天都必须一次又一次地做出类似决定（而且通常是在匆忙之间）。我们往往觉得，为了让生活风平浪静，将来自各方的阻力减到最低限度，牺牲自己的时间是最容易的。这样做的目的通常是为了避免让我们所爱的人不开心，或者只是为了避免给周围的人带来不便。

内疚感就像魔鬼，会在不同地方对我们发起攻击——无论是在现实世界，还是在虚拟网络。我们身上都有可以触发内疚感的扳机，这是魔鬼最喜欢操纵的。如果我们感到难受并质疑自己的选择，那便是魔鬼最享受的时候。

## 内疚感与网络梗

多年来，在我的社交媒体上，出现过很多写得特别好、特别容易让人产生内疚的"梗"。老天爷呀，其中一些实在是太折磨我了，而且阴魂不散！其中一条就是"好妈妈的烤箱布满油污，好妈妈的地板污迹斑斑"，它是目前为止对我打击最狠的一个"梗"，让我觉得自己是个坏妈妈，也让阴险有毒的内疚感悄悄侵蚀我的心。

如果我把家里收拾得干净整洁，我就会感到更快乐，这意味着我会在孩子们面前更平静温和。但根据这个"梗"，正因为

## The Organised Time Technique
偷个懒也没关系：让妈妈不焦虑的时间整理术

我清理了烤箱，擦干净了地板，我就算不上一个好妈妈。像这样的"梗"会时不时地出现在社交媒体的动态中，让我觉得，如果没把所有时间都花在陪孩子们玩乐高和烤蛋糕上，那就意味着我是一个坏妈妈。这些说法会让我再三反思日程安排中的优先事项，还会让我觉得自己作为母亲多多少少有些不称职。

内疚感总是可以轻而易举地把我们打败，它似乎随时随地都会对我们进行伏击。房子打扫得过于干净，我们会感到内疚；打扫得不够干净，我们还是会感到内疚。出去工作，我们会感到内疚；待在家里，我们也会感到内疚。这足以让我们晕头转向。

我们只要努力让自己和家人都感到幸福就好了。至于其他人，赶快闭嘴吧！如果有人找你的麻烦，让他们来和我聊聊，我来帮你解决！在类似这样的"梗"背后，通常有一个巨大的"潜台词"泡泡，是关于内疚（哦，真是讽刺）。之所以会出现这样的"梗"，通常是为了减轻疲惫不堪的母亲的内疚，可能是为了安慰那些整晚都在给孩子喂奶、累得没心思好好穿衣打扮，更不用说擦洗烤箱的妈妈（还记得前文讨论的睡眠不足问题吗）。这样做可能减轻了一个妈妈的内疚感，却有可能让另一个妈妈更加内疚。

那么，为什么我们会觉得，从自己的行为到育儿的选择，再到选择把时间用在哪里，都需要为自己辩护呢？简言之，我们会尽力去做最好的父母,这是我们与生俱来的本能。但是,我们能做到什么程度,唯一能评判我们的人是我们自己。可以这样说,大多数正常人(不是键盘侠或网络喷子)都忙着为自己的生活努力,不会操闲心来批评我们过日子的细枝末节。那些品头论足或指手画脚的人,也许是对自己的某些选择感到难过,于是便把内疚投射到我们身上。

## 内疚是如何开始的

同时照顾孩子、管理家庭和保住工作是一项艰巨的任务,这意味着有时我们确实无法完成手头的事。有时也可以做完,但质量会比通常的标准低一些。在执行时间整理术的过程中,你可能会感到从四面八方汹涌而来的内疚感(这太可笑了),因为它会让一些你刻意回避和掩埋了一段时间的真相无处遁形。

也许是在你完成时间训练营的训练后。你会意识到有多少时间浪费在对你没有任何好处的事(恕我直言,如刷短视频)上,于是你第一次有了内疚感。当然,你现在对此已经无能为力,所以也没必要自责不已。做都做了,就平静地接受现实吧。你无法改变过去,只能改变当前和将来的行为。深吸一口气,让内疚感消失吧,世上没有后悔药可吃。再说一次,不要再操心已经发生且无法改变的事。

当你开始做时间大扫除时，下一波内疚攻击可能很快就会到来。我敢打包票，当你开始通过打电话、发短信、写邮件等方式告诉那些你曾经做出承诺的人，你可能不得不食言时，就会开始质疑自己这样做是否正确。不仅如此，你还会开始担心人们会怎么看你。此时，请你一定坚持住。你不能继续像以前那样，做超出你的时间或头脑空间许可的事，否则最终会让自己生病。当你失去行动能力时，你就对任何人都没有用了。再做一次深呼吸，把自己和健康（包括心理和生理）放在首位。

最后，当你开始增加三级事务时，内疚感可能会卷土重来，比如第一次把车挂上挡，出发去健身房时；或者晚上八点就去美美地泡个澡，而不是熬夜加班试图赶上白天无法完成的工作进度时，你可能会问自己是否有权这样做。我帮你回答这个问题——你当然有权这样做。而且，几个星期后，当你将身子沉入满是泡泡的浴缸时，你的感觉会好很多——甚至会拿起一杯葡萄酒和一本好书！我向你保证，一切都会变得更容易。

当内疚感这个魔鬼来敲门时，我希望你能坚持自己的选择。希望你能坚信自己的决定是正确的，它们将使你更健康、更快乐，使你爱的人和与你生活在一起的人过得更好。现在，是时候成为你自己的"龙虾"了（就想在这里用《老友记》的这个

"梗",嘿嘿,我喜欢这个主题)①。

## 当别人不信时间整理术时

当遇到别人不信时间整理术时,会发生什么?在执行时间整理术计划的过程中,这是你早晚要面对的问题。我们在第5章讨论了伴侣没有加入该计划时应如何处理,但你可能会发现,你的同事或其他家长开始对你阴阳怪气了:"哦,又去健身房了啊?明白了,有的人心可真大。"还可能会说:"要是我白天能有时间打个盹儿就该烧高香了。"

请跟着我说:

> 我不会因为像老板那样过日子而内疚。
> 我不会因为这样过日子而内疚。
> 我不会内疚。

---

① 《老友记》中有一句台词是"You are my lobster",中文字面翻译是"你是我的龙虾",但在美国俚语中的含义是"你是我的最爱"。在国外,龙虾寓意着爱情、伴侣,因为据说年纪很大的龙虾还会手牵手地在海底散步,故它成了坚贞不渝的爱情的代名词。——译者注

接下来这句话听起来很刺耳,而且有点儿刻薄。但请一定听我说,因为这很重要——为了做一个善良的人,有时你必须残忍一点。

如果别人没时间做你能够享受的事,那是他们的问题,不要让别人把他们的问题投射在你身上。

如果你给自己留出了大把三级时间,让你能够每周去健身房四次,但你在整个过程中都内疚不已,这样的安排就是没有意义的。当内疚感这个魔鬼在你脑海中横冲直撞时,硬拉训练就没那么有趣了。当其他人看到一个人不仅事业成功,而且还有很多闲暇时间时通常会想不通,这很正常,因为这似乎有悖常理。因为你看起来并没有忙于工作,他们可能就会做出这样的假设(如果他们没有采用时间整理术):你只是没他们那么忙而已。不明白这一点并不是他们的错,毕竟我们从小就被灌输了这样的观念:人生就是不断奔跑、永远追逐。而这不正是我在决定加入健身房时所担心的吗?我担心人们会认为我在推卸更重要的责任,整天除了做 SPA 无所事事。我担心人们会对我指指点点:"她以为自己是谁呀?"或者说:"她的心可真大。"我进入公众视线已有三年左右,正因为如此,越来越多的人看到我的所作所为,会不可避免地对我说三道四——其中当然会有一些负面评价。

过去,当我评估自己的时间时,唯一在意的只是身边人的意见，其他人又看不到我的日子是怎么过的。但现在，我的生活有了很大的变化：我在社交媒体上有数十万的关注者，他们都能看到我每天是怎么过的。我并不想让别人认为我很懒惰，在这个问题上纠结了一阵子后，我清楚地认识到，除非我开诚布公地讨论这件事，否则人们的看法永远都不会改变。为人父母者会永远认为，如果想为自己做些什么，那么他们在某种程度上就是很自私的。

现在我决定装一回大尾巴狼，与大家谈谈这个问题。在 ins 的帖子中，我硬着头皮掏心掏肺地向大家解释，为什么我觉得有权为自己做些事，铺天盖地的积极回应让我大开眼界。我了解到，很多人已经这样做了，有些人在看了我的帖子后深受启发，也开始跃跃欲试。还有一些人说，当他们看到有人这样做了，并声明这样做完全没问题时，觉得自己也可以理直气壮地这样做。

但我不得不说，要驱散内疚感，确实需要相当长的时间。我的丈夫迈克之前就没走上和我相同的道路，这让我感觉很不好，所以我花了两个月的时间说服他也走进健身房。虽然主要是为了减轻我的内疚，但他现在也和我一样喜欢去健身房了。

## 必须现实点

当我们还是青葱少女时，就被推销了一个乌托邦式的成年愿景：我们终将拥有属于自己的事业、幸福美满的家庭，可以追逐自己的梦想。而现在，成年后的我们已经知道，现实根本就不是那么回事。如果我们没钱雇人来处理生活琐事（如照顾孩子、打扫卫生等），这些工作就会不可避免地落在我们自己的肩上。这些会占用我们的时间，让我们既没时间休闲娱乐，又没时间追求更好的生活，还可能会导致我们没时间去赚钱。

你根本不可能面面俱到，总得放弃一些。海伦·菲尔丁（Helen Fielding）在其小说《BJ单身日记》（*Bridget Jones's Diary*）里就这么写道：

> 世人皆知，人生常是失之东隅，收之桑榆。

但人生不应非得如此。对这一非常现实的问题，部分解决方案是，我们在创建生活框架时要现实点。当我们贯彻执行时间整理术计划时，也必须现实些。我们不能指望在每周工作60个小时的情况下，还能有时间去健身、哄孩子睡觉、练习铁人三项、学一门新语言、每周读一本书、与朋友约会，或周末外出游玩，我们需要明确事情的轻重缓急。

## 活儿是永远都干不完的

本章最后，我们简单谈谈待办事项清单。许多人似乎对列清单情有独钟，这是一种很棒的方法，有其存在价值。但如果你的待办事项清单令你心生内疚，那么我希望你能试着稍微改变一下观点。请你问自己一个问题："我真的能把所有事都干完吗？"很抱歉地告诉你，答案是否定的。只有在一种情况下，你的待办事项清单才可以画上句号——你离开人世的时候。

告诉你这些并不是想让你有压迫感，而是为了让你解脱（相信我，我脑子清醒得很，不是在胡言乱语）。不要再反复落入同一个陷阱：告诉自己只有在完成 a、b、c 之后才有权休息和放松；不要再疲于奔命、咬牙苦撑，告诉自己必须完成 x、y、z。你有没有注意到，**在你完成一项工作或任务后，清单上就会立刻又增加一项。这就是生活。**

不要再逼自己做更多事了，也不要再因做得不够好而内疚了——你现在正在执行时间整理术计划呢！如果你今天的时间单元都用完了，完成了今天计划要做的所有事，这就够了。明天很快会到来，所以不要再苛求自己。我们之所以总在三级事务上打折扣，就是想多干点儿活，但这没有意义，因为待办事项清单实际上永远也完成不了。没关系，明天又是新的一天，它将带来新的一级和二级时间，我们可以重新在这张清单上打钩。

149

第 10 章

# 让自己偷个懒

## 第 10 章　让自己偷个懒

我们都有犯懒的时候,你完全可以大大方方地承认懒洋洋地过了一天,不必有任何羞耻感。在这本书中,我就是要想尽一切办法地鼓励你给自己一些偷懒时间!一直忙个不停对我们的健康非常不利。我知道有些人把忙碌视为荣誉勋章,但不给自己计划休息时间可不太好。

只有当懒惰成为常态,而且偷懒的时间远超过干活的时间时,懒惰才会真正成为问题。此时,它将开始影响你的整个心态,这种影响可能会从一个懒洋洋的下午开始——也许是你很想早点下班,手头的几项工作并不紧急,于是你决定将它们推到明天再做。可第二天你还是提不起精神着手去做,这些工作就又被搁置了。如果这种情况变成常态,你很快就会发现自己坐上了开往"少干事之境"的快车——在那里,沉迷刷短视频

## The Organised Time Technique
偷个懒也没关系：让妈妈不焦虑的时间整理术

可远比干正事讨人喜欢。

拖延和犹豫是两种最常见的不作为方式，会悄悄潜入我们的生活。然而，"不作为"有时则是出于必要，可能是你的身体在试图告诉你慢下来。举一个最近发生在我身上的例子：我把自己逼得太紧了，早就该做一次时间训练营的训练，但工作和生活让我无暇他顾，要应对的事实在太多了，搞得我疲惫不堪，压力山大。我对迈克和孩子们大发雷霆，无法从容应对现状让我非常沮丧，以至于有一天我的大脑因超负荷而"宕机"了。我太累了，累得什么都干不下去，只能盯着墙发呆，大脑已经塞不进任何东西了。

很明显，是时候做一次小型时间训练营的训练了。我接受了疲惫不堪的身心给我的暗示，全盘评估目前的处境，立即无情地剔除了所有我认为不重要的事务。相信我，当我说自己"无情"的时候，我是认真的。对每一项任务，我都会一遍遍地追问自己一个犀利的问题："如果我不做，会发生什么？"

请不要误解我的意思。对我来说，发邮件和打电话告诉别人我将不得不推迟工作，要求延长最后期限，而且很有可能让他们失望，这并不容易。我感觉很不好。但一想到只要这样做，我就可以立刻从肩上卸下巨大负担，就觉得一切都是值得的。直到卸下千斤重担的那一刻，我才意识到它对我的影响有多大。我就像戴着沉重的枷锁（由我过多的负担锻造而成），这些枷锁拖累了我，使我的努力徒劳无功。

和以往一样，在完成时间训练营的训练并对手头事务做了大刀阔斧的删减后，我如同枯木逢春一般，又焕发了新的生机，感觉自己更快乐、更平静了。而最令人惊喜的是，当我解释为什么要改变时间表时，不但得到了大家的理解，而且在我看来，还为我赢得了更多尊重。

如果你发现，即使有时间，你也缺乏动力将待办事项清单上的事一一干完，那就需要反省一下，问自己几个问题了。你不想完成某项工作的背后的原因是什么？是不是待办事项清单太冗长、太枯燥，让你不知所措、无从下手？还是这种每小时100英里的高速生活令你疲惫不堪（像我一样）？有没有可能是你的身体正在以它的方式逼着你放慢速度？

有一点是肯定的：如果你的身体暗示你慢下来而你不听，身体就会想办法让你不得不慢下来。因此，你要注意这些暗示，如果感觉需要休息了，就休息一下，让自己偷一天懒没什么大不了。关键是，你要保证其他时间的工作是有成效的，以此来保持平衡。只要你在工作和休息之间保持良好的平衡，就会成为赢家。

The Organised Time Technique
偷个懒也没关系：让妈妈不焦虑的时间整理术

## 来自他人的期待

我们每天都要和不同的人打交道，他们对我们怀着不同的期待——都怪碧昂丝[①]！当然，我并不是真的指责碧昂丝，我只是在玩梗而已——网络上有很多小段子毫不留情地指出，我们和碧昂丝一样每天拥有 24 个小时，但看看人家取得了什么成就！这些段子总会让我们心情不好。但有一点大家应该心里有数——虽然我们确实和碧昂丝一样，每天都有 24 个小时，但每个人的生活环境和条件是完全不同的。

因此，虽然像这样的"梗"可能有其存在的意义（至少表面上有激励和鼓舞的作用），但究其本质，很多时候是弊大于利的。它们加剧了他人的期望给我们带来的恐惧，又会逼着我们在那个永无止境的"仓鼠轮"上狂奔。无论这种期望的压力是来自你的老板，还是你的另一半或母亲，造成的影响都是一样的。它让我们觉得，如果我们不竭尽全力地往这 24 小时里塞进更多事，就意味着我们表现得不好，甚至可以说是有点懒骨头的做派了。然而，是否真的在偷懒，只有你自己知道；时间是否都花在了你想做的事上，也只有你自己知道。使用时间整理术的前提是你要对自己负责，需要你以鸟瞰的角度来审视每周

---

[①] 碧昂丝·吉赛尔·诺斯（Beyoncé Giselle Knowles）是美国女歌手、演员。——译者注

的安排，清楚地看到那些你特意留给自己的、可以肆意偷懒的时间。你可以在这段时间纵情享受，因为这是你应得的，是问心无愧的。

我发现，当你知道这周会有好几个小时完全不用工作、美好得像天堂一样的时光在等着你时，你就不会在工作日上午意兴阑珊，产生不想干活的念头。你可以用这几个小时来购物、与朋友共进早午餐，甚至可以睡懒觉，没有什么比这更能激励你去坚持计划了。如果你发现自己懒洋洋不想干活的日子多得有点过分了，那你就一定要在计划中添加一些令人振奋的三级事务。这样一来，你会更有动力完成那些挡在前面的"正事"，以保证自己能够全身心享受。

如果你还没意识到我在说谁，那我就说得直接一点儿："'败家子'，说的就是你！"你是如何打发空闲时间的？这个问题很重要，你必须确保它们是真正高质量的时间。人们太容易陷入浪费宝贵时间的陷阱，一旦陷入，就意味着你从未真正获得高质量的"个人时间"。这只会让你渴望得到更多闲暇，而等你真的得到了，又不能好好利用，这样就形成了一个恶性循环。对你来说，一个好的三级事务就像挂在驴前面的那根胡萝卜一样，拥有神奇的力量。它能在繁重的日常劳作中为你辟出一处乐园，让你能够真正享受生活，而不是像机器一样了无生趣地活着。

第 11 章

# 创建新项目

## 第 11 章 创建新项目

到目前为止，我们探讨的大多是腾出三级时间进行自我照顾、休闲放松的重要性。不过，你也可以利用这些时间开始新的项目或商业冒险，追逐激情的过程也可以像洗个长长的热水澡或去健身房（做 SPA）一样令人振奋。你可能认为，每天只花一个小时左右在一个新项目上，根本激不起什么水花。但我想告诉你，这样想就错了。你可以利用三级时间完成很多事，只是需要一种不同的心态。

"空想家"们，本章是你们的主场，请闪亮登场！如果你是个典型的"空想家"，那你无疑是拥有鸿鹄之志的那类人。而你的软肋在哪里呢？你通常会被横亘在现实和梦想之间的巨大差距蒙蔽，认为必须等待完美时机到来后才能开始为了将梦想变成现实而奋斗。对于典型的"空想家"来说，只花一点点时间，偶尔实现一个小目标，与伟大的梦想相比实在是杯水车薪，所以他们对此往往不屑一顾。事实上，不积跬步无以至千里，朝着目标迈出的每一步都是值得的——无论多么微小。

## 积少成多

每年一月，我都会在社交媒体上给我的粉丝做一次加油鼓劲的演讲，内容包括一卷厨房用纸。我敢说，这是一种视觉上的享受。但为什么是一月，又为什么是厨房用纸呢？很简单，一月是人们在一年中怀揣决心与梦想、摩拳擦掌准备大干一番的时候。

大部分人都是这样，一开始满怀热情、决心满满，准备以每小时 100 英里的速度往前冲，但紧接着就会遇到拦路虎，通常是在一月中旬左右，这时他们很可能会意识到，自己根本不可能在长达 12 个月的时间里都保持这种玩命一般的速度，因为现在就已经精疲力竭了。他们逐渐失去动力，很快就意兴阑珊，像泄了气的皮球一样蔫儿了。这种情况适用于任何事，比如新一轮的节食、"从沙发到五千米"的挑战。为了本书和时间整理术的目标，我们将专注于讨论如何创建新项目，尤其是如何处理开始时的那种常见的不知所措感。如果不想办法消除这种感觉，那么这最终会妨碍你实现目标。

## 第 11 章　创建新项目

在开始一个新项目的时候，我们总会忍不住一推再推，直到所谓的"时机成熟"——等万事俱备只欠东风了，等我们有大把大把的时间了，等我们可以心无旁骛地投入新项目了。生活中等着我们去做的事实在太多，让我们总觉得此刻还不是最好的时机，我们还无法给予这个项目应有的关注。

如果你正在读这本书，那你很可能在时间上有所匮乏，但又满脑子都是你认为永远没机会去追求的抱负（或大或小）。原因很简单，你觉得自己每天的时间都不够用。也许你很想写一本书（嘿，显然我们都有这样的想法）；也许你正试图找到时间开创副业；也许你希望有一天能够抽出时间去学吹笛子。然而，如果你总认为自己需要等待一个完美时机，而这个完美时机可能永远都不会到来，那该怎么办呢？如果你唯一的机会就是现在呢？

为了实现目标和梦想，很多人都不得不努力寻找时间。众所周知，正如没有神奇的摇钱树一样，也没有神奇的时间树。如果我们想在生活中安排一些新的事务，就必须从其他事务中抽出时间，这就是为什么时间整理术如此有效。这也是为什么在这个过程中，时间训练营和时间大扫除必须要做，没有任何商量余地。因为它们可以帮你明确哪些事可以叫停，以腾出时间去做你真正想做的事——哪怕只是每晚临睡前读书中的一章内容。

## The Organised Time Technique
偷个懒也没关系：让妈妈不焦虑的时间整理术

时间整理术不仅能帮你分清大小事务的轻重缓急，还可以帮你把生活变得有组织、有结构，使你能够真正将这些事付诸实践。然而，如果你把一个以缺乏时间为由推迟了多年的项目列为你的三级事务并开始着手实施，会发生什么？如果因生活结构所限，你似乎永远不会有任何进展，会发生什么？如果当你努力让项目起步时，膝下还有蹒跚学步的孩子需要照顾，又会发生什么？

如果你只能绞尽脑汁地从这里或那里抢下一点时间，利用这些零碎时间来工作，别担心，我有非常好的消息要告诉你。是的，你已经猜到了，就是前面提到的一卷厨房用纸。每年一月，当我在社交平台上给我的粉丝做演讲时，我总会祭出那卷厨房用纸。

接下来，麻烦你配合我，让我们一起来想象一下。想象你眼前有一卷超大型的厨房用纸。然后，想象你每天都只能从这卷纸上撕下一张。在最初几天，甚至最初的一两周里，你可能注意不到这卷纸的外观有什么变化。不过，如果你每天都认认真真地撕下一张，几周之后，你就会看到它的厚度有了真正的变化。这就是奇迹开始出现的地方，而奇迹就是所有零碎时间加起来能实现的改变。如果你没有每天花一点点时间撕下一张厨房用纸，那它的厚度就不会发生这种改变。如果你每天去做这件事，做的当下看起来好像没什么影响，但 30 天后，累积的效果就能显现出来了。

如果把这个原理应用到时间上，你就可以看到，即使每天只有 30 分钟（甚至更少），在累积起来后，也已经足以让你朝着更大的目标前进一大步了。以写书为例，如果你每天花 30 分钟写 500 字，两个月后你就完成了 30 000 字。当然，也可能是每天花 30 分钟为营销而打电话或写邮件，或者每天花 30 分钟整理车库。

集腋成裘，聚沙成塔，时间也是如此。因此，如果你喜欢给自己创造梦想、制订计划，但一想到开启新项目要面临的堆积如山的烦琐事务就感觉无从下手（因为你每天可用的时间实在太少了），那你尽管放心。最要紧的并不是实现目标的速度有多快，只要你一直在前进，一直在进步，就够了。也许你只看完了一本大部头书的一页，也许你只完成了马拉松训练中的一英里，但没关系，它们会日积月累，慢慢增加。

### 杰玛的绝招

不要只盯着最终目标，因为有时候最终目标看起来高不可攀。你应该把注意力转向那些需要每天、每周或每月完成的事情上，这样才能真正朝着目标一步

步迈进。举个例子,假设你决定实现自己的一个梦想,报名参加了人生的第一个半程马拉松比赛。但一想到要跑 21 千米,你的心就开始打鼓。迄今为止,你做过最接近马拉松的运动是每周六早上在附近公园跑步。21 千米令你望而生畏,简直无从着手,所以你最后干脆不去了。在你看来,马拉松运动员从来没有一次只跑几千米,你也从来没有机会真正去比赛现场。

不要屈服于自己的胆怯。你要做的是,将训练分解成更小、更容易管理(也不那么可怕)的小目标,将注意力倾注在这些小目标上,不要只盯着终极目标。计算一下,你每周大概需要跑多少千米,每周需要增加多少里程。通过这种方式,你可以把注意力从最终的大型比赛上移开,转而关注平时在自家附近进行的短程且简单的跑步训练。

你要相信量变最终会导致质变,所有微小的努力加起来会让你离最终目标越来越近,而且你会越来越笃定自信。至于最终的目标,你其实根本不用去想,反正它又不会跑。它一直都在那里,你的每一步努力背后都有它的影子,因为你现在专注的小目标都是为了更大的目标而存在的。

> 无论是半马训练、写书还是创业，所有零星的努力都会慢慢累积成更大的成就。等你某天回头看的时候，你会清楚地看到，这些小小的步伐已经让你朝着目标前进了一大步。

第 12 章

# 用在工作场合的时间整理术

## 第12章　用在工作场合的时间整理术

　　工作是否让你感到身心俱疲？你是否梦想能像忍者那样，飞速搞定所有行政文件？你是否幻想自己有勇气拒绝不必要的会议邀请，成功捍卫神圣的午餐时间（它对你而言，如同皇冠上的宝石一样珍贵）？

　　你来对地方了。你可能以为时间整理术只适用于工作以外的生活，所以将分配给工作的时间视为一个整体，不用前文提到的方法来分解。但时间整理术的美妙之处就在于，它可以将你的时间单元分配给任何你想做的事。既然这项技术可以帮你把家庭生活安排得井井有条，当然也可以帮你把工作管理得井然有序。而且，它不但能让你有时间在每周日晚上泡一个长长的泡泡浴，还能保证你在每周五下班时完成一周的所有工作指标。把工作场合中的时间也按照单元来划分，不仅能让一团乱麻的工作事务变得秩序井然,还能帮你减轻压力,让你工作起来更有效率,这意味着你更有可能获得晋升机会。

把这一切想明白后,就可以开始行动了。现在就让我们来看看,这些小小的时间单元在你的工作中能发挥多大作用。很显然,每个人的工作日是不同的(因为每个人从事的工作不同)。有的人做兼职工作,有的人身兼数职,有的人根本不在办公室工作,有的人在家工作,但只要你的工作允许你按照自身情况来决定一天的安排,时间整理术的基本原则就完全适用。

## 给工作时间划分单元

**案例**

萨拉是一家房产中介的行政人员,每周工作五天,上班时间从上午9点到下午5点——标准的朝九晚五。这意味着她的上班时间是8个小时(16个时间单元),其中午餐需要1个小时(2个时间单元)。也就是说,她每天有14个单元的工作时间。

她的主要职责是查看和回复电子邮件,维护公司网站(更新房源),以及为销售团队预约看房。目前

## 第12章 用在工作场合的时间整理术

她觉得日子过得浑浑噩噩，在工作中经常感到很被动，没有主动权。接下来，让我们试着帮她安排一下，让她的工作更有秩序。

每天早晨刚到公司后，总是有一大堆信息等她处理——客户们在前一天晚上通过电子邮件和语音信息发来了很多关于房产问题的咨询。因此，最好一上班就分配给萨拉一些时间用于处理这些信息。我们分配1个小时（2个时间单元）给她，这时她还剩12个时间单元。

上午，萨拉要帮忙接听电话，做一些支持销售团队的业务工作。我们分配2个小时（4个时间单元）给她，这样她就可以有一些自由时间，不至于忙得分身乏术。此时，她还剩8个时间单元。这也让她可以轻轻松松地去吃午餐（我们为她分配了2个单元的午餐时间）。

萨拉正在对公司的网站进行全面改版，因为它看起来有点老式和过时，但这项工作相当复杂，需要她集中精力。到了下午，办公室通常会安静得多，因为同事们在这时通常都出去看房了。因此，下午给这项任务分配2个小时是合理的（又用掉4个时间单元）。这时她还剩4个时间单元。

然后，萨拉又为协助团队完成一些工作分配了2

个单元的时间。这时，她还剩下两个单元的时间。她把这2个单元作为备用时间，留到这一天结束，以防出现紧急或意外事务。如果没有，就用来做常规的管理工作——它们已经在待办事项清单上搁置一段时间了。

我们从上例中可以看到，时间整理术可以非常轻松地应用于一个典型的工作日。如果你是在家办公，那么你应付起来同样可以轻松自如，对此我深有体会，因为我每天都在工作中使用时间整理术。当然，由于新冠肺炎疫情的缘故，目前我的情况发生了一些变化，我先让你看看疫情之前我（作为博客作者和作家）是如何安排工作日的。

我的工作日由8.5个小时（17个时间单元）构成。

9：30-10：30　回复电子邮件和社交媒体评论（2个时间单元）。

10：30-11：30　业务工作（如会计/营销/电话会议/编辑）（2个时间单元）。

11：30-12：30　编写社交媒体的帖子（2个时间单元）。

12：30-13：30　午餐（2个时间单元）。

13：30-15：30　创意项目（如写作/拍摄短视频/录制播

第12章 用在工作场合的时间整理术

客)(4个时间单元)。

15:30-16:30 去健身房健身(2个时间单元)。

16:30-18:00 回复电子邮件和社交媒体评论(3个时间单元)。

现在正处于封锁状态,迈克和我都在家办公,同时还要辅导孩子们的功课,这意味着我的时间前所未有地紧张。为解决这个问题,上周我不得不一开始就做了一次小型的时间大扫除。以下是我重新制定的日程安排,为新冠肺炎疫情对我的工作生活产生的巨大影响让路。这是一个完美的例子,可以让你看到时间整理术的使用是多么地灵活,如果使用得当,它甚至可以帮你应对最棘手的情况。

我们楼下的大部分生活区域是开放式的,迈克和我没有办公空间,我们都围坐在厨房的桌子旁工作。这可能很有趣,但正如我在前几章所说,我们必须随遇而安。因此,我们现在管理时间的方式变成了以下这样。

9:30-10:30 回复电子邮件和社交媒体评论(2个时间单元)。

在这段时间,男孩们用半个小时上了一节在线体育课,另外半个小时用来吃早餐。

10：30–11：30　业务工作（如会计/营销/编辑）（2个时间单元）。

安顿好孩子们做作业。业务工作不需要太过专注，所以如果需要，我还可以辅导他们做家庭作业。我已经把电话会议改到晚些时候进行。

11：30–12：30　编写社交媒体的帖子（2个时间单元）。

孩子们继续做家庭作业，线上参与学校活动。

12：30–13：30　午餐（2个时间单元）。

全家人一起吃午餐，这样能简单一点，可以将清理工作减少到最低限度。

13：30–15：30　创意项目（如写作/拍摄短视频/录制播客）（4个时间单元）。

在这段时间，我需要周围尽量保持安静且不受打扰，所以孩子们可以得到一些自由时间（这通常意味着他们会直接打开电脑或手机，或者用Skype和朋友线上聊天）。

15：30–16：30　健身（2个时间单元）。

健身房关门了，因此，如果天气好，我就会在花园里锻炼，孩子们也在外面玩；如果天气不太好，我就在大厅锻炼，孩子们看电视。

16：30-18：00　打电话（3个时间单元）。

我减少了回复社交媒体和电子邮件的时间，这样就能够安排必要的电话会议。这段时间，迈克在一旁陪孩子们玩。

## 专心工作的黄金法则

### 黄金法则1：追求工作效率，合理安排时间

有的人信奉"一日之计在于晨"，早上像打了鸡血一样，心明眼亮，神清气爽，信心满满地准备将一天的工作全部干完。如果你是这样的人，那么你可以把最困难的任务（即需要最多脑力的任务）安排在早上，把操作性任务留到午餐后，因为你的状态可能在午餐后不可避免地出现低迷。当然，如果你的情况正好相反，每天早上都需要几个小时（以及几杯咖啡）的热身才能进入状态，或者刚休完产假，还深受睡眠不足的困扰，那就做个小小的改变，把比较棘手的任务安排在晚些时候，那时你的精力会更集中。

## 黄金法则 2：做事有始有终，切忌半途而废

尽量一次只专注于一项任务，这是至关重要的。努力不让自己分心，否则可能在你工作进行到一半、正全神贯注的时候，你的注意力突然被转移到其他地方。结果就会导致很多任务都半途而废，让你觉得自己毫无进展。在做一项任务前，首先要确保有足够的时间和正确的心态，这样才能更高效地完成任务。千万不要三心二意，手头的事情还没完成就去干别的，这实际上是在浪费时间。

## 黄金法则 3：全心投入工作，关掉手机提醒

关掉手机提醒和其他让你分心的设备，这样你就可以完全沉浸在工作中。告诉别人那段时间你不在，不再做其他安排，拒绝所有会议邀请。这既能节省时间，也能为你赢得同事的尊重。

## 在家办公如何保持专注

我已在家办公多年了，关于如何控制自己不要在视频网站上虚掷光阴，确保完成所有工作，我算得上是个专家了。下面我将分享一些绝招，让你即使只能在厨房办公，也能保持最专

第 12 章　用在工作场合的时间整理术

注的状态。

## 听有助于专注的音乐

　　我在 Spotify① 上有一个"专注歌单",长度不足 1 个小时(2 个时间单元)。我发现这个长度刚刚好,正好可以帮我完成一项比较耗时的工作,也确实可以帮我集中注意力。从我写第一本书时起,就一直在听同一个歌单,那还是 18 个月前的事了。这意味着我的大脑现在已经训练有素,只要听到第一首歌(《阿甘正传》的主题曲),就会立即进入工作模式。这真的对我起到了激励作用,特别是在我感觉有点力不从心的日子。

　　关于这一点,我想多说几句。我发现自己无法一次保持超过 2 个时间单元的专注度,所以我在做事时总是以 2 个时间单元为单位。你不能指望自己全日无休地工作,做日程安排时必须考虑到休息时间。如果你在办公室工作,那么你肯定不会在办公桌前坐满八个小时。你会站起来走动走动,喝杯咖啡,或者和同事聊聊天。所以,在家办公时,你也要尽量安排休息时间,可以去附近咖啡店买一杯拿铁带走,或者去花园里喝杯茶。

---

①　Spotify 是一个正版流媒体音乐服务平台。——译者注

## The Organised Time Technique
偷个懒也没关系：让妈妈不焦虑的时间整理术

### 恪守工作时间表

尽量保证在整个工作时间内不分心。说实话，我的父母一开始就在这个问题上很纠结，他们都没在家工作过，所以一度难以理解，为什么我明明人在家里却在工作。也就是说，我在工作日不能随时去看望他们，也不能随意接听电话，谈一些无关紧要的事，必须要等到工作完才能做，就和在办公室工作的人一样。

### 买一把舒适的椅子

这一点听起来可能毫无新意，甚至有点儿傻。但是，如果你坐着不舒服就很难进入工作状态，也不会像你想的那样有成效。

### 保证安排午休时间

这是我在完成最近的一次时间训练营的训练后重新开始做的事。这段时间我越来越忙，就连午饭时间也在工作，其他时间更是在不知不觉中被工作侵蚀了，搞得我原来制订的计划形同虚设。因此，我非常坚决地把午餐时间留出来，并严格规定这段时间不能干别的。休息有助于我保持头脑清醒，并使我下午更加专注。

**在合理的时间停止**

对上述观点,我想再补充几句。如果可以,就一定要在合理的时间停止工作。而且,如果你不得不在晚上工作(比如必须等小宝宝睡着后),就一定要根据这个情况制订时间整理术计划,确保你可以在别的地方获得三级时间。

**围绕工作效率做安排**

这点在上文的黄金法则中已经提到了,它真的很重要,值得再说一遍。午饭后是我一天中最有创造力的时候,所以我通常会在这个时候试着写点什么。我也会围绕这个时间点做一整天的安排,但一定要保证在最有效率的时段优先考虑那些能让我赚到更多钱的任务。

# 第13章

# 实用省时技巧

## 第13章 实用省时技巧

我希望你能在执行时间整理术计划的过程中感到快乐,并能获得诸多好处:有更多的时间留给自己;可以从容轻松地驾驭所有必需工作,永远不会觉得自己是在虚度光阴;不会抱怨自己浑浑噩噩,任由时光飞逝。无论时间整理术对你多有用,正所谓山外有山,你永远都可能会发现更好的方法,帮你更明智地利用时间。因此,在最后一章,我搜罗了一些能帮你腾出更多时间的"杀手锏"。我向"妈妈管理术"社群的成员们征集了省时技巧,希望这些建议能帮你把时间整理术计划提高到一个新的水平!

## 减负，释放你的头脑空间

毫无疑问，我们的生活正变得越来越忙碌。而讽刺的是，我们使用和购买的省时设备越多，最终我们做的事就越多。你以为这些设备能帮你节省更多时间，于是买了一个 Alexa 或平板电脑，这样你就可以在火车上查看电子邮件、阅读工作文件等，能干的事可多了！但事实是，我们的待办事项清单（和头脑空间）被填得满满当当，反倒让我们凭空增加了不少压力，最终侵蚀了三级时间。

以下是我的一些小妙招，可以帮助你的大脑得到更多的呼吸空间。

### 工作有技巧，别一味蛮干

这一点对我来说尤其重要，提高工作效率是减少工作量的关键。为了避免自己像无头苍蝇一样乱撞，在制订时间整理术计划时要有技巧。有没有哪些工作可以同时进行？遛狗时能顺便给妈妈打个电话吗？孩子们洗澡时可以顺手清洁卫生间吗？等交通信号灯时可以进行盆底肌锻炼吗（嘿，别说三道四！我可是生了三个孩子）？

## 小事放一边，学会少操心

关于这一点，我到现在都没做到得心应手的程度，如果不克制，那么我一整天都会对各个细节吹毛求疵，这会让我焦头烂额。我已经学会把事情交给别人，如果没完全按照我想要的方式进行，就做个深呼吸，随它去吧。在这方面，有个很好的例子：教我已经长大的孩子们铺床。我努力想让他们学会把床铺得整整齐齐，但很快发现，这是不可能的！于是，我教给他们一种折中的办法，让我的生活轻松了许多——他们只需拉拉床单，拍拍枕头，把羽绒被对折一下就可以了！这样不仅可以使整张床看起来干净整洁，还可以全天通风！所以，我不用动一根手指头，这项工作就完成了。

## 每天只有 24 小时，别想干太多

你每天的时间就那么多，你打算在这有限的时间里完成多少事呢？现实的态度非常重要，我希望你能通过阅读本书学得现实点。如果你是个上班族，下班后要照顾孩子、辅导家庭作业、做晚饭、收拾碗筷，还想在来个夜跑之后收拾屋子、坐下来追剧，那过不了多久，你的大脑就会"宕机"，你也想躲到床底下去了。

The Organised Time Technique
偷个懒也没关系：让妈妈不焦虑的时间整理术

### 如果不想做，别勉强自己

不想做就不做，这是你可以允许自己做的最自由的事之一。先说明，我不是说可以不打扫卫生间，这是成年人生活的重要部分，是没人想干但又不得不干的苦差事！我的意思是，如果你不想参加家委会，就不要迫于压力去做。如果有人拿着写字板站在你面前，让你觉得在压力下无法拒绝，就先做个深呼吸，说你需要考虑一下。然后，给对方发一封非常有礼貌但态度坚决的电子邮件，说你最近太忙了。说真的，试试吧——真的太痛快了！从现在开始，做你自己的时间捍卫者。

### 生活很真实，别追求完美

为了让生活更简单，你需要从思想上发生转变。每一分钟，我们都在被"完美"轰炸。如果你有社交媒体账户，那么毫无疑问，你还会受到很多完美形象的轰炸（可能是下意识的），让你自惭形秽。放弃追求如画般完美生活的冲动，请记住"妈妈管理术"社群的黄金法则：差不多就行了！

## 来自"妈妈管理术"社群的省时技巧

本书已接近尾声，我想没什么比给大家一些来自"妈妈管

## 第 13 章 实用省时技巧

理术"社群的顶级省时技巧更合适的了。如果你还不是"妈妈管理术"社群的成员,那还在等什么!请前往 Facebook,搜索"Team TOMM"("妈妈管理术"社群),你会发现我们,并立即获得大量提示、技巧和支持,让你的生活像时钟一样有序运行。感谢所有帮助编写这部分内容的社群成员,你们都是超级明星!

我一直告诉自己,每实现一个目标,就朝着更大的目标迈进了一小步。

基斯蒂

为了节省时间,我把同一双袜子的脚尖朝上挂在一起,干了以后就可以轻松叠好。

丽贝卡

我在做晚饭时会顺手把第二天的三明治做好,反正也要在厨房等着东西煮熟,做这个正好补上这个空当。

埃玛

把所有重要文件,如护照信息、出生证明、税务信息等,都扫描出来并存放到电脑的一个文件夹中,需要时就可以轻松找到!

卡罗琳

我们为每个孩子准备了一个小型五斗柜，用来整理和存放每天要穿的干净校服，这样就不用在早上出门前五分钟翻箱倒柜地找袜子和领带了！

洛蒂

需要更换电动牙刷刷头时，可以用旧刷头清理水龙头周围、下水孔和其他难清理的地方。

耶恩

我会利用烧水的时间做一些厨房琐事，比如洗洗涮涮、擦擦边角、收拾碗碟、清洗水槽和沥水板。只需几分钟，你就可以得到一杯茶的奖励。

妮科尔

当我买的东西送到时，如果这周要做的饭菜中有砍、切、剁的活儿，我就当场做了，然后把准备好的食材一起装进袋子。这样可以节省当天的时间，多余的还可以装进袋子冷冻起来，以便下次快速使用。这也节省了冰箱和冰柜的空间，因为食材在切碎后可以平放。

弗朗切斯卡

我把孩子们的活动用品装进不同的背包里，放在他们房间

## 第13章 实用省时技巧

门后的衣钩上,一个轻便束口双肩包,一个芭蕾舞包,一个游泳包等。所有的东西都放在包里,不放在抽屉里,这样随时都可以拿起就走。这也意味着需要一些备用迷你发刷等,但我发现实际上够用了,不需要再专门去买。

露西

如果早上的例行事务每天都按相同的顺序进行,就会变得像舞蹈一样——只要你排练的时间够长,很快就可以不假思索地完成。

维多利亚

如果你有很多塑料盆,可以用马克笔给每个盆和盖子做记号,这样就可以毫不费力地匹配起来,例如,A盆对A盖,B盆对B盖。

费伊

我在手机上给自己设置了一个闹钟,在晚上提醒我放下手机。

路易丝

我告诉孩子们,所有烟雾警报器都是圣诞老人的相机,一年到头都是如此,闪光就是他在拍照。如果不整理床铺或不做家务，未整理的床铺和凌乱的房间照片就会被记录在他们的档案中！现在，他们每天都会整理床铺。

凯利

只有当待办事项清单上的重要事项完成后，我才会去查看电子邮件。电子邮件往往会给你带来更多的工作，但通常是为了实现别人的目标，而不是你自己的。

德布斯

永远！听话！听杰玛的话！不要自以为是！

阿比盖尔

## 后 记

希望你能喜欢这本书,希望这本《偷个懒也没关系》能给你带来帮助,就像它曾给我带来巨大帮助一样。在我最沉迷于清洁工作的时候,每天会花好几个小时打扫卫生。如果我认为自己打扫得不够,甚至会取消社交聚会,还哪能谈及什么自我照顾,早被我抛到脑后了。我把自己放在最后——绝对在所有事情之后,甚至在吸尘之后,这种情形每天都在上演。很多女性和我联系,拼命地想找解决方案,她们想把每件事都做好,让每个人都开心,结果把自己搞得精疲力竭,只能向我(互联网上的一个陌生人)求援,寄希望于我在相同处境下创建的管理系统。我曾经陷在家务事、孩子学校的事、工作的事(包括有偿的和无偿的)以及其他必须完成的琐事中,完全失去了自我,这样的情况对我们许多人来说都再熟悉不过了。作为女性,

**The Organised Time Technique**
偷个懒也没关系：让妈妈不焦虑的时间整理术

我们往往只在其他人的需求都得到满足后，才会转向自己的需求。

我的使命是帮助更多母亲找到平衡——不仅如此，还要重新找回自己。如果你已经在使用妈妈管理术，你就有望在家务方面找到平衡。在你使用时间整理术后，这种平衡还会转移到你生活中的其他方面。我不希望你浪费宝贵的头脑空间来操心洗衣、拖地及其他所有妨碍你真正生活的无聊琐事，我希望你有时间去计划冒险、新项目、激情和追求等主题。

我希望这本书能帮你把生活系统化，这样一来，除了必要时间，你不用再浪费哪怕一分钟去操心那些无聊的事。我希望这本书能帮你把工作分配出去，这样管理家庭的重任就不会只落在你一人肩上。

不过，最重要的是，我希望它能帮你过上儿时梦想的生活。

放松，呼吸，你可以的。

爱你们。

## 译者后记

被中国人民大学出版社的郑悠然老师邀请来翻译这本书的时候,我正被时间问题搞得焦头烂额。和本书作者以及很多母亲一样,我要照管家务、照顾家人,同时还有自己的工作,这三者之间的平衡总是极难达成却极易打破。之所以欣然接受郑老师的托付,很大的一个原因是希望能从这本书中学习如何更好地管理时间。这本书确实帮到了我,也希望它能帮到更多人。

书中罗列了很多实用小技巧,相信你读后定会如获至宝,在此就不做赘述了,只有些许个人感悟愿与你分享。

私以为,管理时间的要义就是恰当分配时间,简单归纳为三点:做必要之事,舍不必要之事,做想做之事。

首先要明确哪些是必要之事,这需要我们先将自己的生活梳理一遍，为所有事宜分个三六九等、轻重缓急。尽管每个人的判断标准不同，但有一些事情会被所有人列为重点——关乎生死存亡、身心健康、家人安危的，都是大事。这些事情上的时间绝对不能省，也不能挪为他用，否则可能会出大问题。以睡眠为例，无论是通宵达旦地赶工作、忙学习，还是废寝忘食地玩游戏、追网剧，长期睡眠不足都会让身体吃不消。

其次，是舍去不必要的事。这仍然是个见仁见智的问题，但大多数人之所以让自己忙得像个陀螺依然哀叹事情做不完，正是因为分不清哪些事情不必要，且无法勇敢地放弃。在我看来，整理要花时间的事情和收纳占空间的杂物一样，都需要断舍离。例如，耐着性子花两个小时应付打探你工资多少、银行存款的亲戚是不必要的，别担心得罪对方而失去了天大的助力。

在我看来（相信对很多已经忽视自己的母亲而言也是如此），本书最振聋发聩的观点就是"做自己想做的事情"。这是一个在痛苦中挣扎过、在失望中怀疑过、在内疚中自责过、在黑暗中摸索过的母亲对天下所有母亲发自肺腑的忠告。这是一句多么美好的话啊！然而，对于很多人，尤其是疲于奔命的母亲们来说，似乎有些事情只是想一想都觉得奢侈：周末想去看一场电影，但老板急着要你手头的文件；明天想去做个美容，但孩子明天要去上钢琴课；想安安静静地喝杯茶、看会儿书，但老公明天要穿的西服还没熨。前半句的"想"总是会败给后半句的"但"。为什么？因为前半句的主语是你，而后半句的主语是别人；你认为前半句的内容可有可无，后半句的内容更加要紧。从什么时候开始，我们默认自己必须排在别人后面？默认满足自己的愿望不如满足别人重要？读到这里，请你闭上眼睛安静思考几分钟。此时涌上你心头的是什么感受？

本书作者杰玛告诉我们："请你一定要爱自己，要有自己的生活，心安理得地去做自己想做的事。"有时候，请你能把自己放在第一位，对不该承担的责任说不，在需要的时候找人分担。关爱自己不是在浪费时间，在你想要休息、玩乐、享受的时候，要满足自己，永远不要觉得自己不配。不要被别人的评判左右，不要被内疚感操控。没有人能做到完美，对自己仁慈一点，不要苛求自己面面俱到、事事周全。

杰玛的确实践了她的座右铭：像母亲一样关爱母亲。

希望每一位母亲都能从这本书中得到想要的勇气与安慰。

The Organised Time Technique:How to Get Your Life Running Like Clockwork

ISBN: 978-0-349-42697-6

Copyright © Gemma Bray 2020

First published in the United Kingdom in the English language in 2020 by Piatkus, an imprint of Little, Brown Book Group.

Authorized Translation of the Edition Published by New Harbinger Publications.

No part of this publication may be reproduced, stored in a retrieval system or transmitted in any form or by any means, electronic, mechanical photocopying, recording or otherwise without the prior permission of the publisher.

Simplified Chinese rights arranged with New Harbinger Publications through Big Apple Agency, Inc.

Simplified Chinese version © 2022 by China Renmin University Press.

All rights reserved.

本书中文简体字版由New Harbinger Publications通过大苹果公司授权中国人民大学出版社在全球范围内独家出版发行。未经出版者书面许可，不得以任何方式抄袭、复制或节录本书中的任何部分。

版权所有，侵权必究。